外研社 · 供高等学校意大利语专业使用
西安外国语大学资助立项教材

U0586109

大学意大利语
STUDIAMO L'ITALIANO ALL'UNIVERSITÀ

听说教程
ascoltiamo e parliamo

2

编著：陈晶晶

外语教学与研究出版社
北京

图书在版编目 (CIP) 数据

大学意大利语听说教程. 2 / 陈晶晶编著. —— 北京：外语教学与研究出版社，
2024. 12 (2025. 3 重印). —— ISBN 978-7-5213-5937-4

I. H772.94

中国国家版本馆 CIP 数据核字第 202458V69X 号

出 版 人	王　芳	
责任编辑	张雪梅	
责任校对	孙纪晓	
封面设计	锋尚设计	
出版发行	外语教学与研究出版社	
社　　址	北京市西三环北路 19 号（100089）	
网　　址	https://www.fltrp.com	
印　　刷	北京盛通印刷股份有限公司	
开　　本	787×1092　1/16	
印　　张	11.25	
字　　数	181 千字	
版　　次	2024 年 12 月第 1 版	
印　　次	2025 年 3 月第 2 次印刷	
书　　号	ISBN 978-7-5213-5937-4	
定　　价	58.00 元	

如有图书采购需求，图书内容或印刷装订等问题，侵权、盗版书籍等线索，请拨打以下电话或关注官方服务号：
客服电话：400 898 7008
官方服务号：微信搜索并关注公众号"外研社官方服务号"
外研社购书网址：https://fltrp.tmall.com

物料号：359370001

记载人类文明
沟通世界文化
www.fltrp.com
外研社

PRESENTAZIONE 前言

　　"大学意大利语听说教程"是为大学本科意大利语专业一、二年级编写的听说课教材。全套教材在课程设置上与王军教授主编的"大学意大利语教程"（外语教学与研究出版社，2007）的语法教学基本保持同步，使学生在语法学习中同步配合听说训练。

　　本套教材注重融入意大利社会、人文、历史等文化元素，使学生在学习语言的同时加深对意大利文化的了解；语言生动真实，面向意大利人生活的方方面面；练习题型设计多样化；练习难度循序渐进，让学生逐渐适应高难度高强度训练。

　　本套教材共分为 4 册，每册 10 个单元，共计 40 个单元。每个单元都设计一个主题，由 4 部分构成："热身"环节的主要目的在于引入单元主题，通过图片、简单对话等形式让学生进行自由联想，对本单元所涉及的词汇、短语、句子、文化现象等等有一个大致的了解；"听力理解"环节给学生提供数个听力训练，每个情景对话搭配各种练习，题型多样，形式灵活，偏重趣味性，以吸引学生注意力、调动参与积极性为目的；"能力拓展"环节的主要目的是增强学生的创造性思维能力，培养其对于之前所学知识点活学活用的能力，全面提高学生的语言听说水平；"自我评估"环节给学生提供一个自我评估的机会，学生通过相关听力练习，对本单元的重点难点进行再次巩固，自我检验学习效果，从而形成一个完整的学习过程。

　　在本套教材的编写过程中，我们参考借鉴了诸多国内外出版的图书，并且最终完成了国内第一套意大利语听说教材，以期为国内意大利语教学起到积极的推动作用。由于时间仓促，加之经验能力有限，错误不足之处在所难免，恳请使用教材的各位老师和同学批评指正。

　　参与本套教材编写工作的人员有：翟恒、陈晶晶、温爽。其分工如下：
翟恒：第一册整册以及第四册第 1、2、3 单元的编写；
陈晶晶：第二册整册以及第四册第 4、5、6 单元的编写；

温爽：第三册整册以及第四册第 7、8、9、10 单元的编写。

此外，意大利专家萨拉·奇波利纳女士审阅了本套教材的意大利语部分，我们在此向她表示衷心的感谢。

陈晶晶

2024 年 7 月于西安

INDICE 目录

Unità 1 Partiamo!
第一单元 出发! 1

Parte A	**Warm Up**
	热身 2
Parte B	**Comprensione**
	听力理解 5
Parte C	**Capacità Creativa**
	能力拓展 9
Parte D	**Verifica**
	自我评估 14

Unità 2 In albergo
第二单元 在旅馆 19

Parte A	**Warm Up**
	热身 20
Parte B	**Comprensione**
	听力理解 23
Parte C	**Capacità Creativa**
	能力拓展 26
Parte D	**Verifica**
	自我评估 29

Unità 3 Affittasi
第三单元 租房 36

Parte A	**Warm Up**
	热身 37
Parte B	**Comprensione**
	听力理解 39

Parte C	**Capacità Creativa**	
	能力拓展	 44
Parte D	**Verifica**	
	自我评估	 49

Unità 4   Driiiinnn
第四单元   喂 **56**

Parte A	***Warm Up***	
	热身	 57
Parte B	**Comprensione**	
	听力理解	 60
Parte C	**Capacità Creativa**	
	能力拓展	 63
Parte D	**Verifica**	
	自我评估	 69

Unità 5   Che tempo fa?
第五单元   天气如何？ **75**

Parte A	***Warm Up***	
	热身	 76
Parte B	**Comprensione**	
	听力理解	 79
Parte C	**Capacità Creativa**	
	能力拓展	 83
Parte D	**Verifica**	
	自我评估	 87

Unità 6   Progetti futuri
第六单元   未来计划 **92**

Parte A	***Warm Up***	
	热身	 93
Parte B	**Comprensione**	
	听力理解	 95

Parte C	**Capacità Creativa**	
	能力拓展	100
Parte D	**Verifica**	
	自我评估	104

Unità 7   Vorrei andare...

第七单元	我想去……	**108**
Parte A	***Warm Up***	
	热身	109
Parte B	**Comprensione**	
	听力理解	111
Parte C	**Capacità Creativa**	
	能力拓展	115
Parte D	**Verifica**	
	自我评估	120

Unità 8   Dal medico

第八单元	看病	**125**
Parte A	***Warm Up***	
	热身	126
Parte B	**Comprensione**	
	听力理解	129
Parte C	**Capacità Creativa**	
	能力拓展	133
Parte D	**Verifica**	
	自我评估	138

Unità 9   Penso che sia...

第九单元	我觉得……	**142**
Parte A	***Warm Up***	
	热身	143
Parte B	**Comprensione**	
	听力理解	145

Parte C   **Capacità Creativa**
             能力拓展... 150

Parte D   **Verifica**
             自我评估... 152

Unità 10 Credevo che fosse...

第十单元　那时我认为······ **156**

Parte A   *Warm Up*
             热身 157

Parte B   **Comprensione**
             听力理解... 159

Parte C   **Capacità Creativa**
             能力拓展... 162

Parte D   **Verifica**
             自我评估... 166

1

Partiamo!
第一单元　出发!

Difficoltà linguistica: ★ ★

Contenuti grammaticali: verbi modali, preposizioni e espressioni di luogo, frasi interrogative (1)

Contenuti comunicativi: chiedere e dire quale mezzo di trasporto si utilizza, chiedere la distanza tra due luoghi, comprare un biglietto

Contenuti culturali: la città di Roma

Parte A
Warm Up 热身

I. **Conosci queste parole?**
你认识这些单词吗?

1. **Ascolta la registrazione e completa le parole.**
听录音，请把下列单词补充完整。

a__t__   n__v__   a__re__   m__tor__no__

b__c__clett__   tr__no   a__tob__s

m__tr__pol__tana   tax__   tr__m

2. **In macchina, treno, aereo o nave? Metti le parole in corsivo della lista sotto il mezzo di trasporto giusto. Attenzione: alcune parole possono essere collegate a più mezzi di trasporto.**
乘坐汽车、火车、飞机还是轮船？将下列斜体字的单词分别填入表格的相应位置。注意：有些单词可以对应多种交通工具。

stazione - binario - hostess - capitano (2) - controllore - steward - marinaio - carta d'imbarco - cuccetta (2) - pilota - porto - volo - cintura di sicurezza (2) - cabina di pilotaggio - volante - capotreno - carrozza ristorante - gomma

Macchina	Treno	Aereo	Nave

II. Impariamo le frasi utili per fare un biglietto del treno.

让我们来一起学习在买火车票时会用到的一些实用短句。

Alla biglietteria della stazione Termini di Roma. Ascolta il dialogo e completa le parti mancanti. E poi metti in ordine il dialogo.

在罗马的中央火车站（Stazione Termini）售票处。听对话，将对话中空缺的部分补充完整，然后对其进行排序。

1. 43 euro.

2. Partenza dal binario 14. Buon viaggio!

3. Scusi, mi potrebbe dire a che ora parte il prossimo treno per Napoli?

4. Quasi tre ore?! Non ce n'è un altro più veloce? Ho fretta.

5. Un attimo. Ce n'è un regionale che parte alle 16, 36 e arriva alle 19,18.

6.

7.

8.

9. Allora c'è il Frecciarossa che parte alle 16,45 e arriva dopo un'ora e dieci.

10. Perfetto! Prendo un biglietto di sola andata. Quanto viene?

Scrivi qui l'ordine giusto: _____

III. Seguiamo la nostra guida Marco.

跟着导游马尔科走。

Un gruppo di turisti cinesi arriva alla stazione Termini di Roma. Ma la stazione è molto grande! Chiedono aiuto alla guida Marco...

一群中国游客抵达了罗马的中央火车站。这个火车站实在太大了！现在他们在向导游马尔科求助……

Fidatevi della vostra guida Marco!

Turista

1. Dove posso mangiare qualcosa?

2. Dove posso comprare il biglietto?

3. Dove posso lasciare la mia valigia?

4. Dove posso comprare una rivista?

5. Dove vado per salire sul treno?

6. Dove posso chiedere le informazioni per prendere la coincidenza[1]?

7. Dove posso aspettare?

8. Dove posso leggere l'orario del treno?

9. Dove vado per uscire dalla stazione?

10. Dove posso timbrare il biglietto[2]?

Marco

A. Al deposito bagagli.

B. All'uscita.

C. Al buffet.

D. Allo sportello della biglietteria.

E. All'edicola.

F. Al binario.

G. Sul tabellone dell'orario dei treni.

H. Nella sala d'attesa.

I. Nella macchinetta (obliteratrice).

J. All'ufficio informazioni.

Che confusione! Tocca a te dare le risposte giuste a questi poveri turisti.

太混乱了！现在轮到你来回答这些可怜的游客们的问题了。

Esempio: 1 - C

2 -___ 3 -___ 4 -___ 5 -___ 6 -___ 7 -___ 8 -___ 9 -___ 10 -___

---

1 prendere la coincidenza 此处意为"换乘，倒车"。

   例如：

     A causa del ritardo del volo, ho perso la coincidenza dell'aereo che da Parigi mi doveva portare a Chicago. 因为航班延误，我错过了那班从巴黎到纽约的转机。

     Dove posso prendere la coincidenza per Venezia? 我应该在哪儿乘坐到威尼斯的转机（车）？

2 timbrare il biglietto 意为"给车票盖章"。在意大利，乘坐公共汽车或者火车时，须事先在书报亭、香烟店、火车站售票处购买车票，通常还需要在乘车当天将车票塞入自动打票机，打上当天的日期和时间。公交车的打票机一般位于车内，而火车站的打票机则位于车站的站台。

Parte B
Comprensione 听力理解

I. Ascolta i dialoghi e indovina chi sono questi personaggi.

听对话，猜猜对话中两个角色分别是谁。

due passeggeri   controllore - passeggero   bigliettaio - passeggero

1. _____   2. _____

3. _____

II. Ascolta la registrazione e metti le parole nel gruppo giusto.

听录音，把你听到的词写在表格中正确的位置。

Viaggio in treno	Viaggio in aereo

III. *Partire con il treno, l'aereo o il pullman?* Ascolta i dialoghi e completa le parti mancanti.

坐火车、飞机还是大巴旅行呢？听对话，将下文中空缺的部分补充完整。

Dialogo 1

- Scusi, mi sa dire a che ora parte il prossimo treno per Roma?

- Alle _____.

- Da quale binario parte?

- Binario numero _____.

- Quanto costa il biglietto di seconda classe?

- _____ in tutto.

Dialogo 2

- A che ora parte il prossimo treno per Firenze?

- Alle _____.

- E a che ora arriva?

- Vediamo... alle _____.

- Grazie.

- Non c'è di che.

Dialogo 3

- Buongiorno, mi scusi, devo fare il _____. Dove devo andare?

- Con quale _____ vola?

- Con Air China.

- Ok, allora deve andare al _____ Air China. È laggiù a destra.

Dialogo 4

- Un biglietto di sola _____ per Siena. A che ora parte il prossimo pullman?

- Alle _____.

- E quanto ci _____?

- Un'ora circa, se non c'è _____.

IV. Ascolta gli avvisi alla stazione e riempi tutte le caselle della tabella con l'informazione che manca.

听火车站的广播通知，把下列表格中空缺的信息补充完整。

Avviso	Partenza	Arrivo	Tipo di treno	Binario	Ora di partenza	Ora di arrivo
1	Pisa	\	Diretto 402		\	
2	Padova			11	\	\
3		Torino	Espresso		\	
4	Genova			\	\	\
5	Bologna			15		\
6		Torino	Espresso			\

V. Anna ha intenzione di andare a Capri e durante l'intervallo chiede consiglio al suo compagno di classe Matteo. Ascolta il loro dialogo.

安娜打算去卡普里玩儿。课间休息时，她跟同学马泰奥聊天，询问对方有什么建议。听他们的对话。

1. Rispondi alle domande seguenti.

回答下列问题。

1. Con quale mezzo di trasporto vuole partire Anna?

   _____

2. Perché vuole andare a Capri?

   _____

3. Quanto tempo ci vuole per arrivare a Capri?

   _____

4. Perché chiede a Matteo per le informazioni sull'orario?

   _____

5. Secondo Matteo, quale traghetto deve prendere Anna per non arrivare in ritardo?

   _____

6. Da dove parte Anna?

   _____

2. Riascolta il dialogo dell'esercizio precedente e completa le parti mancanti.

再次听上题中的对话，将空缺的部分补充完整。

Anna: Senti, Matteo. Vado a Capri domani e vorrei prendere un _____. Mi puoi dare un'idea dell'_____ visto che* ci sei già stato diverse volte.

Matteo: Certo. A che ora vuoi partire?

Anna: Mah, non saprei. Insomma devo esserci verso il primo pomeriggio perché ho un importantissimo _____ all'una e _____.

Matteo: Ho capito. Per Capri c'è un traghetto che parte alle _____ e ce n'è un altro che parte alle _____ e trenta.

> * visto che 意为"由于，鉴于，考虑到"。
>
> 例如：
>
> Visto che hai tanta buona volontà, vieni ad aiutarmi !
> 既然你这么愿意，就来帮我吧！
>
> Cosa possiamo fare oggi visto che fuori piove?
> 今天外面在下雨，我们干点什么呢？
>
> Visto che non ho idee per il nuovo lavoro, potete suggerirmi voi qualcosa?
> 由于我对新工作毫无想法，你们能给我点建议吗？

Anna: E quanto tempo ci vuole per arrivare?

Matteo: Ci vogliono circa _____ minuti.

Anna: Mmm, quindi significa che quello delle dodici e mezzo arriva all'una e dieci… no, ma è un pò tardi… ho sempre _____ di arrivare in ritardo!

Matteo: Eh sì. La cosa _____ da fare è prendere quello delle dieci. Così non arriverai sicuramente in ritardo.

Anna: Il problema è che non sono mai stata a Capri, perciò non so neanche se dovrò andare vicino o lontano dal _____. Tu sai per _____ dov'è la Grotta Azzurra*?

Matteo: Certo! È un posto bellissimo e sempre pieno di _____. Appena _____ dal traghetto, vedi subito i _____ che ti ci possono portare.

Anna: Ho capito, grazie. A proposito, sai quanto costa il biglietto di traghetto da _____ a Capri?

Matteo: Andata e _____? Circa _____ euro.

Anna: Ok. Grazie mille.

Matteo: Non c'è di che.

> * Grotta Azzurra: 蓝洞，顾名思义，意指大海中蓝色的洞穴。蓝洞的洞口在悬崖的下面，洞口很小，只能乘坐小船才能进入。阳光从洞口进入洞内，又从洞内水底反射上来，因此洞内的海水一片晶蓝，故称"蓝洞"。每年都有数千名游客从世界各地慕名而来，希望一睹石窟神秘蓝水的奇妙景观。

Parte C
Capacità Creativa 能力拓展

I. *Oggi Giorgio prende il treno con il nonno.* **Leggi la storia e riempi gli spazi con le parole del riquadro. Poi ascolta la registrazione e verifica se la tua risposta è corretta.**

今天乔治要跟爷爷一起坐火车。读下面的故事，用方框里给出的词将文章补充完整。然后听录音，检查自己的答案是否正确。

> binario - finite - carrozza - accompagna - sportello - turno -
> sola andata - in tempo - Frecciarossa - frequenta - di seconda
> classe - biglietteria(2) - fuori - treno - paga - bar - convalidare
> - partenze - macchinetta - cambiare - tra - fila

Giorgio è un ragazzo di 8 anni. _____ la scuola elementare a Milano. Ogni Natale torna dai nonni che abitano a Firenze per due settimane. Adesso le vacanze di Natale sono _____ e Giorgio deve prendere il _____ per tornare a casa. Siccome i suoi genitori sono ancora _____ per motivi di lavoro, il nonno lo _____.

Arrivano alla stazione molto presto, il nonno dice:"Dobbiamo comprare il biglietto." Davanti allo _____ della _____ si mettono in _____.

Quando arriva il loro _____ il nonno dice:"Buongiorno! Vorrei due biglietti per Milano."

Il bigliettaio risponde:"Buongiorno signore! Per oggi?"

"Sì, e di _____." il nonno dice.

"Ok!" risponde il bigliettaio,"Allora vediamo. C'è il _____ alle 8,00, costa 54 euro, e arriva alle 9,40 a Milano. Oppure c'è un Intercity alle 9,00, arriva alle 12,30, e costa 26 euro…"

Il nonno dice:"Prendo due biglietti per il Frecciarossa, _____."

Il bigliettaio risponde:"Bene, posto 102 e 103 _____ 8… sono 108 euro, per favore."

Il nonno _____, e chiede:"Da quale _____ parte?"

Il bigliettaio dice:"Parte dal binario cinque. Buon viaggio!"

Quando escono dalla _____, Giorgio guarda il tabellone delle _____ e dice:"Il nostro treno parte _____ un quarto d'ora."

"Allora non facciamo _____ a fare colazione al _____ della stazione!" risponde il nonno.

Giorgio dice:"Non fa niente. Tanto* non ho fame, nonno. Possiamo già _____ il biglietto… lì c'è una _____!"

Il nonno dice:"Sì, fatto!"

Giorgio chiede:"Dobbiamo _____? "

"No, no… e ci solo solo due fermate!" risponde il nonno.

> * tanto: 此处起到连词的作用，意为"反正"。例如：
> Non arrabbiarti, tanto non serve a niente.
> 你别生气，反正生气也起不到任何作用。
> Lo farò, tanto non mi costa niente.
> 我会去做的，反正我又不会有什么损失。

II. Cos'è successo?
发生什么事情了？

Marta e Fabio sono all'aeroporto di Fiumicino. Fra due ore partiranno per Parigi per passare la luna di miele. Immagina cosa ha detto Marta in questo dialogo.

玛尔塔和法比奥来到了菲乌米奇诺机场，两个小时后他们将出发前往巴黎度蜜月。阅读下面的对话，猜猜玛尔塔都说了些什么。

Marta: _____

Fabio: Che facciamo, Marta? Andiamo a prendere un caffè?

Marta: _____.

Ci andiamo dopo al bar.

Hostess: Il biglietto, per favore.

Marta: Eccolo.

Hostess: Bene. Vuole spedire anche quella borsa?

Marta: No, quella no. La porto a mano.

Fabio: Quanto manca alla partenza?

Marta: Meno di mezz'ora, ma ancora non hanno annunciato il nostro volo. _____

Fabio: Ecco, guarda! L'aereo per Parigi delle dieci e mezza ha cinquanta minuti di ritardo.

Marta: _____

Fabio: Senti, facciamo il controllo passaporto, così possiamo andare alle partenze. Vorrei anche comprare una stecca di sigarette al duty-free.

Marta: _____

Fabio: È lo stesso. Tanto non abbiamo niente da fare adesso.

(Altoparlante: Alitalia. I passeggeri in partenza per Parigi con il volo AZ 610 sono pregati di portarsi* all'uscita 11.)

Marta: _____

Fabio: Aspetta... dove l'ho messa? Dovrebbe essere in tasca con il passaporto.

Marta: _____

Fabio: No, non c'è. Accidenti!

Marta: _____

* portarsi: portare 的自反形式，意为"前往，向某个位置移动"。
例如:
I soccorritori si portano sul luogo dell'incidente.
急救人员前往事发地。
Portati un po' a destra.
你往右边挪一点。

III. Ascolta prima la registrazione e poi completa il testo seguente secondo le informazioni del dialogo che senti.

听录音，然后根据你所听到的对话内容来完成以下短文。

Gioia è una studentessa cinese e è arrivata in Italia da _____ mesi.

Un giorno prende il _____ per andare a Padova. Dopo un ora di _____ arriva il _____ . E lui le chiede di _____ il biglietto.

Subito si accorge che Gioia non ha _____ il biglietto prima della _____ . Gioia spiega che la mattina è arrivata alla stazione all' _____ minuto e se n'è _____ . Il controllore dice che secondo la _____, in questo caso, si deve pagare la _____ . In questo momento il signore seduto accanto a Gioia _____ la loro conversazione e consiglia al controllore di _____ il biglietto con la _____ .

All'inizio il controllore _____ dicendo che si può fare così solo quando il viaggiatore si rivolge subito a lui dopo essere

_____ sul treno. Quel signore gentile chiede al controllore di _____ Gioia che è arrivata nel loro paese da poco tempo. E non conosce tutte le _____.

Alla fine il controllore dà il _____ e fa un' _____ per Gioia. Gioia lo _____.

IV. Osserva le foto e descrivi la situazione rispondendo alle domande tipo: chi sono, dove sono, cosa fanno, cosa indossano.

观察下面两张照片，描述你所看到的情景，其中应包括以下要点：他们是谁，他们在哪里，他们在干什么，他们的服装是怎么样的。

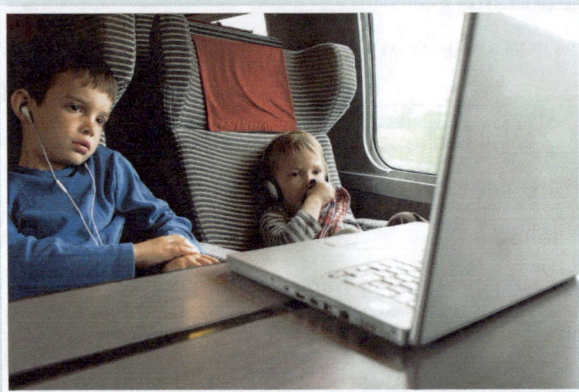

V. Lavorate in gruppi composti da 2 o 3 persone. Scegliete la situazione 1, 2 o 3. Create un piccolo dialogo usando le parole e le espressioni che abbiamo imparato in questa lezione.

两至三人搭档进行对话练习。从下面的 1、2、3 三种情景中选择一个来组织对话，注意尽可能使用到我们在本单元中学到的词汇和表达方式。

SITUAZIONE 1	SITUAZIONE 2	SITUAZIONE 3
alla biglietteria	in stazione	alla biglietteria
biglietto di sola andata	l'orario di partenza e il binario	scegliere fra l'Eurostar e l'Intercity (Milano-Venezia)
un passeggero e un bigliettaio	due passeggeri sconosciuti	due amici

Parte D
Verifica 自我评估

I. **La studentessa cinese Wang Na e il suo amico italiano Federico si trovano alla stazione Termini. Ascolta il dialogo e indovina a quali posti corrispondono le tre parti del dialogo.**

中国学生王娜和她的意大利朋友费代里科现在来到了罗马中央火车站。

听对话，猜对话的三个部分分别发生在火车站中的哪三个地方。

_____ _____ _____

II. **Riascolta il dialogo dell'esercizio precedente e scegli l'alternativa corretta.**

再次听上题中的对话，选择正确的选项。

1. Il treno parte da_____.

   a. Roma   b. Napoli   c. Venezia   d. Firenze

2. Il biglietto del Frecciarossa per Napoli costa_____.

   a. 10 euro   b. 19 euro   c. 30 euro   d. 39 euro

3. Wang va a Napoli_____.

   a. da sola   b. con un signore   d. con Federico   d. non si sa

4. Wang vuole aprire il finestrino del treno_____.

   a. perché fa troppo caldo in treno   b. per salutare il suo caro amico

   c. per respirare l'aria fresca   d. per vedere il paesaggio fuori

5. Secondo il signore Napoli è_____.

   a. brutta   b. pericolosa   c. bella   d. grande

III. **Riascolta il dialogo dell'esercizio precedente e completa le parti mancanti.**

再听上题中的对话，将空缺的部分补充完整。

Bigliettaio: Buongiorno!

Federico: Buongiorno! Vorrei un biglietto del treno per Napoli, per favore.

Bigliettaio: _____-Napoli?

Federico: Sì, di sola _____.

Biglietttaio: Per oggi?

Federico: Sì, sì!

Biglietttaio: C'è il Frecciarossa alle _____, costa 39 euro, e arriva alle _____ a Napoli. Oppure c'è un _____ alle 17,00, arriva alle 19,30, e costa 19 euro… C'è posto in tutti e due.

Federico: Prendo un biglietto per il Frecciarossa, _____.

Biglietttaio: Bene, posto 102, _____… sono 39 euro, per favore.

Federico: Ecco il tuo biglietto! Tieni!

Wang: Grazie. A che ora parte il treno?

Federico: Alle due, tra poco!

Wang: Allora andiamo a _____ il biglietto… Hai visto dove è la macchinetta?

Federico: Eccola!

Wang: Fatto! Devo prendere la coincidenza?

Federico: No, no... Basta scendere al _____.[1]

Wang: Che significa?

Federico: Cioè all'ultima fermata.

Wang: Bene! Da che binario parte?

Federico: Dal binario undici, possiamo già andare! Ti accompagno.

Wang: Scusi? Posso aprire il _____ per salutare il mio amico?

Sig. Rossi: Certo, faccia pure!

Wang: Tutto a posto! Fa caldo oggi! Meno male. Stiamo _____.

Sig. Rossi: Sì, siamo un po' in _____. Va a Napoli anche Lei?

_____

1 basta scendere al capolinea: bastare 的无人称用法，只用第三人称单数的变位，后面跟动词原形，意为 "……就够了，只需要……"。
例如：
Basta chiedere e avrai quello che desideri. 只要问一问，你就可以得到自己想要的。
Tutto gratis, basta cercare in rete. 全部免费，只需要在网上搜索一下即可。
Se voi siete interessati al nostro corso, basta mandarmi un messaggio. 如果你们对我们的课程感兴趣，只要给我发个信息就行了。

Wang: Sì, ho due amici che studiano all'Università L'Orientale.

Sig. Rossi: Ah, sì? Anche mio figlio studia là. C'è un _____ famoso su Napoli. Lei lo conosce?

Wang: No, non lo conosco. In effetti, è la prima volta che vengo in Italia.

Sig. Rossi: Il proverbio dice "Vedi Napoli e poi _____."

Wang: Davvero? Napoli è così bella? Non vedo _____ di arrivare!

IV. Roma e la stazione Termini.
罗马和它的中央火车站。

1. Nelle boutique della Stazione Termini di Roma, potresti ammirare le cartoline che rappresentano i monumenti iconici dell'Italia. Riesci a riconoscere quali tra di essi sono i luoghi simbolici di Roma?

在罗马中央火车站的商店里，你可以看到印有当地标志性建筑的明信片。你知道下面哪些是属于罗马的景点吗？

Colosseo ☐   Piazza del Campo ☐

Cattedrale di Santa Maria del Fiore ☐   Piazza Navona ☐

Torre Pendente ☐   Galleria degli Uffizi ☐

Basilica di San Marco ☐   Fontana di Trevi ☐

2. Ascolta più volte il testo e scrivi accanto alle risposte vero(V) o falso(F).

反复听这段录音，判断下列句子是否正确。

1. Roma è una città solare e silenziosa.   (   )

2. Roma ha due squadre di calcio importanti.   (   )

3. I tifosi della Roma portano sciarpe e bandiere bianco-azzurre.   (   )

4. L'aeroporto di Roma si chiama Roma Termini.   (   )

5. Roma Termini si trova vicino a Roma, a Fiumicino.   (   )

6. A Termini puoi prendere ogni genere di mezzi di trasporto: l'Intercity, l'Eurostar, il taxi, l'autobus, ecc.   (   )

7. A Roma non è facile essere puntuali perché ci sono pochi autobus. (   )

8. A Roma ci sono tre linee di metropolitana, identificate con lettere e colori diversi.   (   )

9. La costruzione della linea C sarà pronta nel 2021. ( )

10. La piazza situata davanti a Roma Termini si chiama Piazza dei Cinquecento. ( )

3. Riascolta il testo e completa le parti mancanti.
再次听录音，将下文中空缺的部分补充完整。

Roma, una città _____ e solare, caotica e _____. Essere puntuali a Roma è difficile. I mezzi di _____ non sono pochi, ma lunedì il _____, martedì un Capo di Stato in _____ ufficiale, mercoledì un _____ sulla linea metro, giovedì un _____, sabato lo _____, domenica una _____ del Papa... Poi le strade di Roma sono tutte _____ e perciò le macchine vanno lentamente. Per fortuna ci sono anche tre linee della metropolitana, identificate con _____ e colori diversi. La prima, la linea B (di colore _____), la seconda, la linea A (di colore _____) e la terza, la linea C (di colore _____). Sono in costruzione altre _____ della linea C, con completamento previsto entro il 2021. Vicino a Roma, a Fiumicino, c'è anche un aeroporto internazionale, l'aeroporto Leonardo da Vinci.

In città c'è anche una stazione _____ molto grande, la stazione Termini. Una stazione enorme con negozi _____ e _____ che sembra un aeroporto. La stazione è lo snodo centrale del trasporto cittadino ed anche del _____ nord-sud d'Italia. La stazione si è _____ nel corso degli anni in un vero e proprio centro commerciale per permettere a tutti coloro che ci passano di poter _____, mangiare, fare shopping, _____. Lì nei negozi di souvenir puoi trovare il Colosseo in _____, _____ e _____ della Fontana di Trevi, della Lupa che allatta e della Pietà e sciarpe e _____ giallo-rosse "Forza Roma" o bianco-azzurre "Forza Lazio", le due _____ di calcio rivali.

I collegamenti da e per Roma Termini includono mezzi di trasporto di ogni _____: Alta _____, Eurostar, Intercity, treni nazionali, internazionali e _____, filobus, tram, autobus e metro. Davanti alla stazione nell'enorme Piazza dei Cinquecento partono tutti gli autobus per le diverse _____ di Roma e la periferia. Il _____ taxi comunale e _____ offre ai turisti la certezza di poter trovare mezzi di trasporto a qualsiasi ora del giorno e della notte.

V. Ascolta la storia di un viaggio di una coppia e rispondi alle domande seguenti.

听一对夫妇的旅行经历，然后回答下列问题。

1. Quanti anni hanno il marito e la moglie?

_____

2. Dove hanno passato le loro vacanze?

_____

> * autogrill：提供机场和公路餐饮的场所。在这里，休息，加油，超市、餐厅、儿童游乐厅、加油站等设施一应俱全。

3. Come mai il marito si ferma all'autogrill*?

_____

4. Cosa fa la moglie quando si accorge di essere "abbandonata" dal marito?

_____

5. Quando il protagonista scopre l'assenza della moglie? E cosa fa?

_____

6. Perché alla fine del dialogo l'uomo dice "il viaggio di ritorno non è stato sicuramente silenzioso"?

_____

VI. Ascolta i racconti e scrivi accanto alle risposte vero (V) o falso (F).

听讲述，判断下列句子是否正确。

1. Ho deciso di prendere il regionale perché è più veloce.   (   )

> * mettersi 意为"开始做某事"。
> 例如：
> Dopo un breve riposo si mette a studiare.
> 在短暂的休息过后，他又开始了学习。
> Mi metto al lavoro.
> 我开始了工作。
> Si è messo a nevicare.
> 开始下雪了。

2. Devi metterti* a correre come un pazzo nella stazione perché è cambiato l'orario del treno.   (   )

3. Non mi piace chiacchierare sul treno.   (   )

4. Non so a che ora arriva mio padre.   (   )

5. Il controllore mi ha fatto la multa perché mi sono seduta nella classe sbagliata.   (   )

6. Avevo molta paura perché era la prima volta che prendevo l'aereo.   (   )

2

In albergo
第二单元　在旅馆

Difficoltà linguistica: ★ ★

Contenuti grammaticali: *esserci*, i numeri ordinali, gli aggettivi, la data, le preposizioni di luogo e di tempo

Contenuti comunicativi: prenotare una camera, chiedere il prezzo, descrivere i diversi tipi di camere

Contenuti culturali: le lamentele di un turista cinese

Parte A
Warm Up 热身

I. Ascolta la registrazione e metti le parole sotto l'immagine corrispondente.

听录音，把单词写在相应的图片下方。

_____ _____ _____

  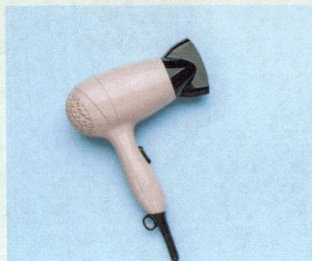

_____ _____ _____

II. Completa la serie.

将下列几组词补充完整。

1. lunedì, _____, mercoledì

2. marzo, _____, maggio, _____

3. sabato, _____; giovedì, _____

4. _____, aprile; ottobre, _____

5. giorno, _____, mese, _____, anno

6. secondo, _____, quarto, _____, sesto

7. tredicesimo, _____, quindicesimo, _____

III. Completa le frasi con gli aggettivi elencati qui sotto. Attenzione: nell'elenco gli aggettivi sono tutti al maschile singolare.

用下列的形容词将句子补充完整。注意：下列给出的单词都是其阳性单数的形式。

> spazioso - centrale - raggiungibile - magnifico - rumoroso - scomodo - silenzioso - gentile - trafficato - secondo

1. Ho dormito benissimo, perché la stanza è molto _____.
2. Dalla mia stanza si vede un panorama _____.
3. L'albergo è _____ con la metropolitana.
4. Il receptionist dell'albergo è molto _____.
5. Il nostro hotel si trova in un posto _____. Eh, sì, proprio al centro della città.
6. Mi è venuto il mal di schiena perché il mio letto è molto _____.
7. La nostra stanza è molto _____ perché dà su una strada molto _____.
8. La stanza è molto _____: ci sono addirittura un piccolo divano e un tavolino.
9. Il nostro ristorante si trova al _____ piano[1].

IV. Impariamo le frasi utili per prenotare una camera.

我们来学一些在预订房间时会用到的实用短句。

1. Forma delle frasi.

连接下面的句子。

1. La stanza doppia	ci sono	98 euro per una notte.
2. Per quante notti	volete	un parcheggio privato.
3. L'albergo	si può mandare	anche la prima colazione.
4. Nel prezzo	passano	due linee della metropolitana.
5. Qui vicino	è dotato di	un fax?
6. Per la conferma	costa	prenotare?
7. Quanti posti letto	è compresa	nel vostro appartamento?

---

1 意大利语中，在表达楼层时，需要用序数词。另外，意大利人习惯把一楼叫做 piano terreno，而把二楼叫做 primo piano，以此类推。

例如：

Abito all'ultimo piano. 我住在顶层。

Il suo ufficio si trova al terzo piano di quel palazzo. 他的办公室在那座大楼的四层。

2. Trova l'espressione adatta. Cosa si dice per...

为下面题目中设计的情景找到合适的表达方式。

1. Per chiedere se c'è una camera libera.

_____

2. Per chiedere a nome di chi è la prenotazione.

_____

3. Per ringraziare e salutare.

_____

4. Per chiedere il prezzo della camera.

_____

5. Per chiedere se puoi raggiungere l'albergo in autobus o con altri mezzi pubblici.

_____

6. Per chiedere se il prezzo della stanza comprende anche la prima colazione.

_____

Parte B
Comprensione 听力理解

I. Ascolta i dialoghi e completa la tabella.
听对话，完成下列的表格。

	Durata del soggiorno	Periodo	Tipo di camera
1			
2			
3			
4			

II. Ascolta il dialogo e scrivi accanto alle risposte vero (V) o falso (F).
听对话，判断下列句子是否正确。

1. Il signor Totti ha prenotato una camera matrimoniale per tre notti.

   (   )

2. Ha dato la sua carta d'identità per fare capire la sua prenotazione al receptionist. (   )

3. La sua camera è molto silenziosa perché dà sull'interno. (   )

4. Deve arrivare in camera a piedi perché non c'è l'ascensore in questo albergo. (   )

5. La colazione non è compresa nel prezzo. (   )

6. Il signor Totti vuole la sveglia alle 8 in punto. (   )

III. Ascolta la telefonata tra una signora e l'impiegato della reception di un hotel di Roma e rispondi alle domande seguenti.

听下面一位女士与罗马某酒店前台职员之间的电话录音，然后回答下列问题。

1. Quante stanze vuole la signora?

   _____.

2. Per quante notti rimangono nell'albergo?

   _____.

3. Quanto viene la stanza doppia con la mezza pensione*?

   _____.

4. Le due stanze che vuole la signora sono comunicanti con il bagno?

   _____.

5. Qual è il numero di telefono della signora?

   _____.

> * mezza pensione 意为"半膳宿"，指的是酒店提供早餐和晚餐（某些酒店也可用午餐来替代晚餐）。与之相对应的还有"全膳宿 pensione completa"，即包含早、中、晚三餐。
> 例如：
> Per mezza pensione si intende che vi verranno fornite colazione e cena.
> 半膳宿指的是酒店只负责提供早餐和晚餐。
> Sto cercando degli hotel a Londra che fanno la mezza pensione.
> 我正在寻找一些位于伦敦，可以提供半膳宿的酒店。

IV. Ascolta il dialogo e completa le parti mancanti.

听对话，将对话中空缺的部分补充完整。

- Buongiorno, signor Moretti.
- Buongiorno.
- Ha _____ bene?
- Sì, grazie. La mia camera è molto _____. A proposito, dove si fa _____?
- Nella _____ _____ in _____ al _____.
- Ok, ho capito.
- Ha bisogno d'altro?
- Sì, vorrei _____ subito il _____.
- Dunque... due notti in stanza _____ ... Sono _____ euro. Paga con la carta o in _____?
- Pago con la carta di credito. Eccola...
- Una _____, prego...
- Poi ho lasciato i _____ in stanza. Può _____

qualcuno a prenderli?

- Certamente,

- Grazie.

- Grazie a Lei.

V. Ascolta il dialogo e sottolinea le alternative corrette.
听对话，在正确的词汇下方画横线。

L'albergo offre i seguenti servizi:

aria condizionata	piscina
giardino	frigobar in camera
telefono in camera	ristorante
parcheggio	ascensore

Parte C
Capacità Creativa 能力拓展

I. **Scrivi nello spazio corretto i tipi di stanze in albergo secondo la descrizione.**

根据下面的描述，写出正确的酒店房间类型。

singola/doppia/tripla/quadrupla/matrimoniale

1. camera con due letti   _____
2. camera con un letto per due persone   _____
3. camera con quattro letti   _____
4. camera con tre letti   _____
5. camera con un letto   _____

II. **Completa le frasi con le preposizioni semplici o articolate.**

用简单前置词或者缩合前置词来完成下列的句子。

1. Avete una camera _____ il bagno _____ tre giorni?
2. L'Hotel Zaza si trova _____ 100 metri _____ mare.
3. La colazione è _____ otto _____ dieci e mezzo.
4. Il pranzo comincia _____ mezzogiorno.
5. La camera 612 è molto silenziosa perché dà _____ cortile interno.
6. La camera numero 101 si trova _____ secondo piano.
7. Faccio ancora _____ tempo _____ la colazione?
8. Vorrei fare colazione _____ camera.
9. Scusi, _____ che ora comincia il pranzo?
10. Posso pagare _____ la carta di credito?

III. Sei un cliente e il tuo compagno è l'impiegato della reception. Create un dialogo di almeno sei battute. Seguite le indicazioni date qui sotto.

你扮演顾客，你的同学扮演酒店前台职员。请你们按照下面的提示，组织一段至少包含六句话的会话。

CLIENTE	IMPIEGATO
Chiede informazioni sulla camera.	Dà informazioni sulla camera.
Chiede informazioni sul luogo e sull'orario della prima colazione.	Dà informazioni sul luogo e sull'orario della prima colazione.
Chiede a quale piano si trova la stanza.	Dice a quale piano si trova la stanza.
Chiede se l'albergo è lontano dai momumenti importanti.	Dice la distanza (per esempio, vicino o no, con quale mezzo di trasporto si può arrivare, ecc.).
Chiede se qualcuno lo può portare all'aereoporto durante la notte.	Dice di sì.
Chiede se il figlio può dormire nella stanza con lui e sua moglie.	Dice di sì.

IV. *Scusi, avrei un problema...* Ascolta i dialoghi e individua le situazioni.

抱歉，麻烦一下……听对话，指出每段对话分别属于下列哪种情况。

1. Il televisore è guasto.
2. La luce non funziona.
3. La stanza è troppo rumorosa.
4. L'aria condizionata è guasta.

_____ _____ _____ _____

V. Adesso lavorate in coppia. Sei il cliente che si lamenta del servizio dell'hotel e il compagno è il receptionist.

现在和同学进行搭档练习。一名同学扮演顾客投诉酒店的某项服务，另一名同学扮演前台职员。

1. Non è possibile fare la doccia calda.
2. Manca ancora una coperta.

3. Il cliente si lamenta del letto scomodo.

4. Non è possibile chiudere la finestra.

5. La cliente vuole un rotolo di carta igenica in più.

VI. Ricostruisci il dialogo fra il receptionist e una cliente appena arrivata all'hotel. Poi ascolta la registrazione e verifica se la tua risposta è corretta.

下面是一段刚刚抵达酒店的顾客与前台职员之间的对话，请将下列句子重新进行排序。然后听录音，检查自己的答案是否正确。

1. - D'accordo! È la camera 618, all'ultimo piano. Se vuole, può cenare in albergo. Si mangia benissimo.

2. - Swi... Può ripetere il cognome lettera per lettera, per favore?

3. - Buonasera! Desidera?

4. - Ma dipende dal prezzo! Quanto viene?

5. - Mi chiamo Gennie Swift. Ho una camera prenotata per questa e la prossima notte.

6. - No, sulla strada.

7. - Certo. Esse, doppia vu, i, effe, ti.

8. - Un momento, per favore... sì, non c'è problema. È la camera 618, una singola con bagno.

9. - Sì, ci sono tutte le comodità, anche la televisione e l'aria condizionata.

10. - 165 euro. Mentre la singola costa 100.

11. - Dalle diciannove alle ventidue.

12. - Dà sull'interno?

13. - Bene, la prendo.

14. - Allora è certamente rumorosa. Non c'è una camera silenziosa sull'interno?

15. - Mi dispiace, signorina, per stasera tutte le singole sull'interno sono occupate. C'è una doppia... la vuole?

16. - Ah, sì? E a che ora si cena?

17. - No, la doppia costa troppo! Meglio la signola. Un'altra domanda, c'è il telefono, vero?

L'ordine corretto è _____.

Parte D
Verifica 自我评估

I. **Ascolta le frasi e indica qual è la frase giusta per chiedere tutte le informazioni elencate.**
听录音，在下面列举的要求后面填入相应的句子。

1. Per chiedere se c'è posto per il fine-settimana.

   _____

2. Per chiedere se puoi raggiungere l'albergo in autobus o con altri mezzi pubblici.

   _____

3. Per chiedere se nel prezzo della stanza è compresa la prima colazione.

   _____

4. Per chiedere se tua figlia di tre anni può dormire nella stanza con te e tua moglie.

   _____

5. Per chiedere se potete pranzare in albergo.

   _____

6. Per chiedere se puoi prendere una camera silenziosa.

   _____

7. Per chiedere se qualcuno può portarvi alla stazione durante la notte.

   _____

8. Per chiedere se c'è uno spazio per i bambini.

   _____

9. Per chiedere se vicino all'albergo ci sono dei monumenti storici.

   _____

10. Per chiedere se puoi portare con te il tuo cane.

    _____

II. Il signor Santos parla con il receptionist dell'hotel Medellin per fare la prenotazione.

桑托斯先生致电美德林酒店的前台来预订房间。

1. Ascolta il dialogo e scrivi accanto alle risposte vero (V) o falso (F).

听对话，判断下列句子是否正确。

1. Il signor vuole prenotare una suite perché costa di meno della doppia. ( )
2. La suite viene 120 euro con lo sconto. ( )
3. Chi prenota la camera deve lasciare il proprio nome, numero di telefono e numero di carta di credito. ( )
4. Il receptionist gli chiede anche l'indirizzo e-mail per confermare la prenotazione. ( )
5. L'indirizzo e-mail del signor Santos è Cciaa@ gmail.com. ( )
6. Prenota l'albergo per il 5 maggio. ( )

2. Ascolta il dialogo e completa le parti mancanti.

听对话，将对话中空缺的部分补充完整。

- Hotel Medellin, buongiorno.
- Buongiorno, senta, avete una camera doppia libera per il 5 maggio?
- Un attimo prego... mi dispiace, _____. Vuole prenotare una suite? È molto più ampia e _____.
- Mah, dipende* dal prezzo. Quanto viene?
- _____. Poi c'è anche 20% di sconto per chi la prenota entro aprile. _____!
- Ok, la prendo.
- _____?

> * dipendere 意为"来源于，取决于，靠"。后面常常与前置词 da 进行搭配，亦可单独成句，表达一种不确定性。
> 例如：
> Gli errori dipendono spesso dall'ignoranza.
> 错误常常来源于无知。
> Dipende dal tempo se partiremo.
> 我们是否出发取决于天气。
> Vieni con noi? Dipende.
> 你跟我们一起去吗？不一定。

- Walter Santos.

- _____ :

    qual è il Suo numero di telefono?

- Il mio numero è 339 5448095.

- Ha una carta di credito?

- Sì, una mastercard. Numero: 6324 4971 0706 8832.

- Ecco fatto. Senta, signore, mi potrebbe dire qual è il Suo indirizzo
    e-mail? _____

- _____

- Scusi, non ho capito, come si scrive?

- Cciaa, ci ci i a a, chiocciola, gmail punto com. Ha capito?

- CCiaa, ok, ho capito… _____

- Sì, grazie.

III. Ascolta il dialogo e scrivi accanto alle risposte vero (V) o falso (F).

听对话，判断下列句子是否正确。

Il turista...

1. Cerca una stanza per tre adulti e un bambino.   (   )

2. Vuole la stanza per due settimane.   (   )

3. Vuole andare a Venezia durante il Carnevale.   (   )

4. Vuole una stanza con la vasca da bagno.   (   )

5. Vuole fare pranzo e cena in albergo.   (   )

6. Il suo bambino non deve pagare.   (   )

7. Vuole aggiungere un lettino in camera per il bambino.   (   )

8. Preferisce la vasca da bagno alla doccia.   (   )

IV. La signora Membola telefona all'hotel Bella Vista per fare la prenotazione. Ascolta il dialogo e scegli l'alternativa corretta.

门博拉女士致电美景酒店预订房间。听对话，选择正确的选项。

1. La signora Membola vuole prenotare una camera _____.

    a. tripla   b. singola

    c. matrimoniale   d. doppia

2. Prenota la camera per _____ notti.

　　a. una　　　　　　　　　b. due

　　c. tre　　　　　　　　　d. quattro

3. La camera matrimoniale costa _____ euro.

　　a. 100　　　　　　　　　b. 105

　　c. 110　　　　　　　　　d. 115

4. Per la conferma il receptionist vuole _____.

　　a. un fax　　　　　　　　b. una lettera

　　c. un'e-mail　　　　　　　d. un colpo di telefono*

5. Vicino all'albergo ci sono due _____.

　　a. supermercati　　　　　b. ospedali

　　c. parcheggi　　　　　　d. librerie

V. Riascolta e completa il dialogo.

再次听录音，将对话中空缺的部分补充完整。

- Albergo Bella Vista, Buongiorno.

- Buongiorno. Senta, avete una camera _____ per il prossimo _____?

- Un attimo, prego. Dunque, beh, le doppie sono tutte _____. Però c'è una _____. È più grande della doppia. Va bene lo stesso?

- Se non si può fare diversamente, _____. C'è il bagno in stanza, vero?

- Sì, sì, certo. Allora, la _____ è da venerdì o da sabato?

- Da venerdì, poi parto _____.

- _____, e a che nome, scusi?

- Membola.

- Mem... Bo... la. Perfetto.

- Sì, un momento però, ho ancora una domanda. Quanto _____ la camera?

- 115 euro, nel prezzo è _____ anche la colazione.

- Benissimo, la prendo. Un'ultima informazione. Avete il _____ ?

- No, signora, mi dispiace, ma ci sono due _____ accanto al
  nostro albergo. Qui vicino c'è anche un supermercato.

- Ah, va bene... La ringrazio. A venerdì allora.

- Sì... ma scusi... ancora una cosa, signora: per la _____ può
  mandare un _____ ?

- Certo, anche subito, se vuole.

- Perfetto. Allora grazie e arrivederLa.

- Non c'è di che. ArrivederLa.

VI. Adesso la signora Bettina e suo marito sono arrivati alla reception a fare il check-in. Ascolta il dialogo e completa le parti mancanti.

贝蒂娜女士和她的丈夫正在酒店前台办理入住手续。听对话，将对话中
空缺的部分补充完整。

Signora: Buongiorno, sono la signora Bettina.

Receptionist: Buongiorno. _____ ?

Signora: Ho prenotato _____ telefono una stanza per
due notti.

Receptionist: Sì, un attimo... ah, sì, esatto. _____ .

Signora: È una stanza con bagno, vero?

Receptionist: _____ . Dà
proprio sul giardino interno. _____ .

Signora: Perfetto.

Receptionist: _____ .

Signora: Qui?

Receptionist: Esatto. _____ ?

Signora: Ah, sì. Ecco la carta d'identità.

Receptionist: _____ .

Signora: Una domanda. A che ora comincia la colazione?

Receptionist: _____ , nella sala ristorante al piano
terreno. _____ ?

Signora: Sì, alle sette e mezza, per favore.

Receptionist: _____.

Signora: A quale piano è?

Receptionist: Al quinto. _____

_____. Il ragazzo vi porterà i bagagli in camera.

Signora: Grazie.

VII. *Le lamentele di un turista cinese.* Ascolta il dialogo tra
il marito e la moglie e rispondi alle domande seguenti.

一名中国游客的抱怨。听一对夫妇之间的对话，然后回答下面的问题。

1. Perché la moglie ride leggendo il giornale?

2. Di che cosa si lamenta il turista cinese?

3. Perché i turisti cinesi richiedono il termos in camera?

4. Perché i cinesi bevono l'acqua calda in ogni stagione?

5. Quando il marito lavorava in Cina beveva l'acqua calda o fredda?

6. Perché quando il marito ha trovato il suo bicchiere pieno di
acqua calda era senza parole?

7. Come è la reazione del direttore dell'Enit di fronte alle
lamentele dei turisti cinese?

VIII. Leggi questa e-mail che ha scritto Matsuyuki Yasuko,
una ragazza giapponese. Che cosa ha scritto nella
sua e-mail ad un albergo di Milano? Tocca a te a fare
l'impiegato dell'ufficio prenotazione dell'albergo.
Rispondi all'e-mail precedente.

日本女孩松雪泰子给米兰某酒店写了一封电子邮件，读这封信，看看
她在信里都写了什么。假设你是酒店客房预订中心的职员，试着来回
复这封邮件。

A: Direzione Albergo Berlino

Da: Matsuyuki Yasuko

Spett. Direzione Albergo Berlino,

Sono spiacente di comunicarVi che a causa del maltempo che non mi permette di raggiungere Milano, devo disdire la prenotazione di una doppia per i giorni 3, 4 gennaio. Nella speranza di poter essere presto Vostra ospite!

Distinti saluti,
Matsuyuki Yasuko

3 Affittasi

第三单元 租房

Difficoltà linguistica: ★ ★

Contenuti grammaticali: il comparativo e la concordanza del passato prossimo con i pronomi personali diretti

Contenuti comunicativi: descrivere l'abitazione, chiedere il prezzo, leggere e comprendere un annuncio di affitto o di vendita

Contenuti culturali: fidanzati in affitto

Parte A
Warm Up 热身

I. **Sottolinea la parola che non c'entra.**
   画出每组中不属于同一类的单词。

   1. casa, villa, monolocale, appartamento, stazione, posto letto

   2. cucina, stanza, fermata, soggiorno, balcone, servizi*

   3. spazioso, pulito, silenzioso, luminoso, allegro, arredato

   4. termosifone, aria condizionata, cellulare, mobile, forno, fornello

   5. anticipo, deposito, affitto, spesa, pagamento, multa

> * servizi：厨房加卫生间。doppi servizi 指的是两间浴室。
> 例如：
> Appartamento di due stanze e i servizi
> 两间房间外加厨房、卫生间的公寓
> vendesi trilocale, cucina abitabile con doppi servizi
> 出售三居室，含大厨房、双卫生间

II. **Scrivi delle frasi con il verbo *cercare* o *pagare*, come nell'esempio. Attenzione: le parole non sono in ordine.**
   按照例句的形式，用动词 cercare 或者 pagare 将下面的单词排列成一句话。注意：单词的顺序已被打乱。

   > Esempio: mio cugino bilocale centro arredato in un
   > Mio cugino cerca un bilocale arredato in centro.

   1. mese l'affitto quanto (loro) al ?

   _____

   2. monolocale breve un periodo suo amico il un per .

   _____

   3. anticipo dovere un prenotare (tu) camera per la .

   _____

4. di (noi) tre anticipo mesi affitto in .

_____

5. una anziani coppia casa una giardino di affitto con in .

_____

III. Abbina i nomi con le definizioni di sotto.

为下面的这些名词找到合适的解释。

1. - abitazione

2. - agenzia immobiliare

3. - ammobiliato

4. - ingresso

5. - box

6. - cucina abitabile

7. - riscaldamento

A. - entrata di un appartamento

B. - garage

C. - un sinonimo della parola "casa" o "appartamento"

D. - un negozio dove si trovano case in affitto o da comprare

E. - un sistema per avere una temperatura calda in casa

F. - una casa con tutti i mobili: cucina, letto, tavolo, divano ecc.

G. - una stanza che permette di cucinare e comodamente mangiare

1 - ____   2 - ____   3 - ____   4 - ____   5 - ____   6 - ____   7 - ____

Parte B
Comprensione 听力理解

I. Ascolta la descrizione dell'appartamento e segna gli oggetti presenti nel dialogo.

听录音中对公寓的描述，用下划线标出这段对话中提到过的物品。

SALOTTO	CUCINA	BAGNO
TV	fuoco	doccia
poltrona	forno	lavatrice
pianta	frigo	vasca
computer	armadietto	bidè
tavolo	lavabo	specchio
sedia	pentola	water
libreria	fornello	rubinetto
divano		

II. Ascolta la presentazione e completa le parti mancanti.

听介绍，然后将下文中空缺的部分补充完整。

Ecco, questa è la camera. È piccola ma _____.

Con una _____ grande e le _____ bianche, è spaziosa e _____. Tutti i _____ sono in legno. C'è un _____ a sinistra del letto _____ e un bel _____ a destra.

Vicino al letto ci sono _____ e la _____. Di _____ al letto c'è un armadio grande e, _____ alla finestra, una scrivania. Sopra la scrivania c'è anche una _____; se vuole studiare di sera non deve _____; a proposito, nel prezzo è _____ anche la _____. Come vede, _____ la finestra c'è un _____ molto grande.

Sul _____ c'è un _____ multicolore. Insomma è una bella camera e sono sicuro che Le piacerà.

III. Ascolta il dialogo e scrivi accanto alle risposte vero (V) o falso (F).

听对话，判断下列句子是否正确。

1. Valentina paga 400 euro al mese per il nuovo appartamento.

                                                    (   )

2. Nel nuovo appartamento di Valentina ci sono due bagni.

                                                    (   )

3. La sorella di Valentina abita insieme a lei.   (   )

4. A Lucilla piace molto la sua nuova casa.   (   )

5. Lucilla e sua sorella abitano nella stessa strada.   (   )

6. Al marito di Lucilla piace molto il nuovo appartamento perché così abita vicino ai suoi genitori.   (   )

7. Lucilla ha voluto parlare con i vicini perché voleva fare amicizia con loro.   (   )

8. L'appartamento di Lucilla è più piccolo di quello di prima.

                                                    (   )

9. I vicini di Lucilla hanno un cane molto carino.   (   )

10. La figlia di Lucilla ama ascoltare la radio.   (   )

IV. Ascolta il dialogo tra Stefano e Elisa, e rispondi alle domande seguenti.

听斯特凡诺和埃莉萨之间的对话，然后回答下列问题。

1. Dove abita Stefano?

   _____

2. Da quante stanze è composto l'appartamento di Elisa?

   _____

3. Com'è l'appartamento di Stefano?

   _____

4. Quanto pagano d'affitto i due ragazzi?

   _____

5. Stefano come ha trovato questo nuovo appartamento?

   _____

6. Perché non è riuscita a trovare un appartamento tramite un'agenzia immobiliare?

   _____

7. Perché a Elisa non piace il suo nuovo appartamento?

_____

V. Ascolta il dialogo e scrivi accanto alle risposte vero (V) o falso (F).

听对话，判断下列句子是否正确。

1. Il signore è in cerca di un appartamento da comprare.   (   )
2. La ragazza nel dialogo è la proprietaria dell'appartamento.

(   )
3. Il signore cerca una casa con tre camere da letto.   (   )
4. Per il signore la cosa più importante è la posizione dell'abitazione.

(   )
5. Nel dialogo le due persone si danno del Lei.   (   )
6. Il signore rifiuta la prima proposta della ragazza perché costa troppo.   (   )
7. Secondo questo signore, una casa di ottanta metri quadrati è troppo piccola per la sua famiglia.   (   )
8. Per il signore non importa se ci sono i mobili o no.   (   )
9. L'uomo alla fine decide di prendere l'appartamento che gli propone l'agente.   (   )
10. Il signore deve pagare un mese d'affitto in anticipo.   (   )
11. Alla fine fissano un appuntamento per il lunedì prossimo.

(   )
12. Il signore vuole pagare immediatamente.   (   )
13. Il cliente deve firmare il contratto d'affitto con l'agenzia immobiliare.

(   )

VI. Ascolta il dialogo e fai l'abbinamento.

听对话，把两组句子正确地连接起来。

1. Stefano sta ore e ore al computer per	A. ma è troppo piccolo.
2. Stefano non ha soldi, ma	B. comprare una casa.
3. Secondo me conviene più	C. cercare una casa in affitto.
4. L'appartamento si trova in periferia	D. non li vuole chiedere ai suoi genitori.
5. L'appartamento vicino al lavoro	E. e ci vuole almeno un'ora per arrivare al lavoro.
6. La appartamento si trova in centro	F. costa troppo.

1- ____; 2- ____; 3- ____; 4- ____; 5- ____; 6- ____

VII. Riascolta il dialogo dell'esercizio precedente e completa le parti mancanti.

再次听上题中的对话，将空缺的部分补充完整。

Angela: Stefano, che cosa fai al computer per ore e ore? Dai, usciamo a fare una passeggiata.

Stefano: No, non posso. _____? Ho letto tanti annunci, però non è facile trovarne una adatta a me.

Angela: Certo, fammi vedere[1]! _____?

Stefano: Sì, guarda, _____.

Angela: Ma vuoi comprare o affittare?

Stefano: _____. Sono povero!

Angela: Ma gli affitti a Milano sono molto cari. Secondo me _____. Puoi chiedere aiuto ai tuoi genitori, no?

Stefano: Ai miei? Assolutamente no. Poi, _____.

---

1 fammi vedere 意为"让我看看"。fa' 是动词 fare 的命令式第二人称单数变位，当其后面跟代词（包括直接宾语代词、间接宾语代词、组合代词、自反代词、小品词等）时，应该双写代词的首个辅音字母（gli除外）。类似用法的动词还有 dare, dire, andare, stare。

例如：

Dimmelo! 告诉我（这件事）！

Dalle quel libro! 把那本书给她！

Guarda qui. _____ e l'affitto è 500 euro al mese.

Angela: Ma è in periferia, un'ora di autobus per arrivare al tuo lavoro. Non è troppo?

Stefano: Eh, sì, _____, no? Vediamo questo! Come ti sembra? Si trova anche al centro, è un po' piccolo...

Angela: ... Hai visto la camera da letto? _____?

Stefano: Hai ragione, lasciamo perdere[1]. Guarda, ecco! Questo è perfetto! _____...

Angela: ... _____! Non è troppo?

---

1 lasciamo perdere 意为"这事就别再提了""算了吧"。动词 lasciare 后面加动词不定式，意为"任由某人做某事""让某人做某事"。

例如：

Lasciami in pace, per favore! 让我自己静一静!

Lascia stare! 别去管（它）!

Parte C
Capacità Creativa 能力拓展

I. **Sai mettere questi mobili o oggetti nelle stanze corrette? Ascolta la registrazione e scrivi le parole che senti nella stanza corrispondente.**

你知道这些家具或者物件应该摆在以下哪些房间里吗？听录音，把你听到的单词写在合适的空格内。

	Mobili o Oggetti
camera da letto	
cucina	
soggiorno	
ripostiglio	
studio	
sala da pranzo	
bagno	

II. **Scegli una fotografia e descrivi ciò che vedi.**

选择其中一张照片，描述你所看到的画面。

Parole:

Ambiente: montagna, mare, città, campagna

Case: villette, palazzine, grattacieli, palazzi

Le case sono... alte/basse, piccole/grandi, vecchie/nuove, antiche/moderne...

III. **Quando si cerca un alloggio ideale, quali sono le qualità che consideri essenziali? Pensa a fattori come la posizione, la connessione, la tranquillità, lo spazio e la luminosità. Condividi le tue opinioni in piccoli gruppi.**

在寻找理想的住所时，你认为哪些方面是最关键的？比如位置、交通便利性、噪音、面积以及采光情况。请在小组讨论中分享你的看法。

1. Quando cerchi un alloggio, qual è la cosa che ti piacerebbe di più?

2. Ti piacciono di più le case o gli appartamenti con giardino?

3. È importante per te che la casa sia facilmente raggiungibile con i mezzi pubblici?

4. Ti importa di vivere vicino a servizi come scuole, ospedali o centri commerciali?

5. La grandezza della casa o dell'appartamento è un aspetto che ti interessa molto?

6. Per te è fondamentale che l'appartamento abbia tutti i comfort?

IV. **Leggi gli annunci CERCASI * e rispondi alle domande.**

读下面的求租启事，回答问题。

> * cercasi以及affittasi, vendesi 常常作为标题，表示"寻（人、屋启事）""出租（启事）""出售"。si 有被动含义，cercasi = si + cerca，affittasi = si + affitta，vendesi = si + vende，严格地说这种写法属于一种语法错误，但已成为大家约定俗成的一种固定搭配，出现在出租、售卖、寻人、征婚启事的标题中。
> 例如：
> affittasi camera singola
> 单人间出租
> vendesi bilocale
> 出售两居室

A.

Docente universitario, cerca monolocale in zone Firenze/Rifredi. Max 700 euro al mese compreso condominio. Garantita serietà e puntualità nei pagamenti.

B.

Coppia, cerca appartamento in affitto, arredato con giardino, preferibilmente con posto auto, esclusivamente zona Firenze Nord. Pagamento in contanti.

C.

Studente cerca posto letto in camera singola o doppia, possibilmente (non vincolante) vicino all'università, per il periodo ottobre – 15 novembre, massino 200 euro.

D.

Cerco compagni per condividere un appartamento molto grande, zona centralissima e ben servita dai mezzi. Il prezzo è di 280 euro spese escluse.

1. In quale annuncio due persone cercano una casa in affitto?
   _____

2. Che tipo di appartamento cerca la persona dell'annuncio A?
   _____

3. Quanto può spendere al massimo per l'affitto lo studente nell'annuncio C?
   _____

4. Che tipo di abitazione cerca lo studente nell'annuncio C?
   _____

5. Come vuole pagare l'appartamento la coppia nell'annuncio B?
   _____

6. Cosa garantisce l'impiegato nell'annuncio A?
   _____

7. Perché nell'annuncio D la persona cerca compagni?
   _____

8. In che zona si trova l'appartamento dell'annuncio D?
   _____

V. Scrivi un annuncio per cercare una casa ideale.
请你为他们写一则求租启事。

1. Una giovane coppia che vorrebbe comprare una casa non troppo grande e già arredata.

2. Una famiglia di cinque persone, due adulti e tre bambini piccoli, che desidera una casa grande in affitto e avere una camera per ogni bambino.

VI. Lavorate in coppie. Ora prova a fare dei dialoghi con il tuo compagno usando questi stimoli.
搭档练习。按照下面的提示要求，跟你的一位同学搭档来组织对话。

Sei il signor Bianchi, un anziano che vuole vedere una casa che ha visto sul giornale.	Sei l'impiegato dell'agenzia immobiliare che deve dire al signor Bianchi che la casa è già stata venduta[1] e gliene propone un'altra…

---

1 la casa è già stata venduta 意为"房子已经被卖掉了"，这是 vendere 的被动语态的近过去时。Essere+ 过去分词可以表示被动，其中 essere 体现时态，过去分词性数应与主语保持一致。

例如：

Il direttore è molto amato dai suoi dipendenti. (现在时) 经理深受其雇员们的喜爱。

I ladri sono stati presi dai poliziotti ieri notte. (近过去时) 小偷们在昨天夜里被警察抓到了。

La conferenza sarà tenuta dal Preside della Facoltà. (简单将来时) 会议将由系主任主持。

Sei un proprietario di casa che entra in un'agenzia immobiliare perché vuole affittare la tua casa.

Sei l'agente immobiliare che telefona a un cliente per proporre una casa con le caratteristiche che stava cercando.

Sei il proprietario della casa. Pensa ad una casa vera, quella dove abiti ora e descrivila. Cerca di convincere[1] l'acquirente a comprare la tua casa.

Sei l'agente immobiliare che fa le domande al proprietario di casa per poter scrivere l'annuncio.

Sei il cliente, sei molto interessato all'appartamento che ti propone l'agente immobiliare e perciò fissi con lui un appuntamento.

Sei interessato a comprare la casa. Cerca di raccogliere molte informazioni e capire se la casa va bene per te.

---

1 convincere qualcuno a (fare) qualcosa 意为 "说服某人做某事"。

例如:

Mi hanno convinto a partire da qui. 他们说服了我从这里出发。

L'abbiamo convinto a vendere l'appartamento in periferia. 我们说服了他卖掉位于郊区的那套公寓。

Parte D
Verifica 自我评估

I. I sostantivi e le espressioni seguenti sono usati spesso negli annunci immobiliari per descrivere le case. Trova il significato di ognuno.

在下面这段录音中你将会听到一些与房地产相关的词汇，将你所听到的单词写在相应的定义后面。

1. camera dove possono dormire due persone = _____

2. grande cucina = _____

3. bagno e cucina = _____

4. abitazione formata da un locale più servizi = _____

5. posto dove si custodiscono[1] le macchine = _____

6. piccolo spazio chiuso, situato dentro l'appartamento, usato come[2] magazzino = _____

7. appartamento di due locali (più bagno e cucina) = _____

8. i soldi da pagare al padrone di casa alla fine di ogni mese = _____

---

1 posto dove si custodiscono le macchine 意为 "看管汽车的地方"，其中 si custodiscono 中的 si 为 si passivante（即被动语态的 si），意大利语中 si+ 动词的第三人称单数或复数变位构成被动语态，动词随句中意义上的 "宾语" 进行变位。从功能上看，该词应被视为被动句中的主语。此外，与其它几种表达被动的形式不同，在 si 的被动句中，无法由 da 引导出动作的施动者，其动作的实际发出者通常为 "人们" "大家"。

例如：
  In Italia si mangia la pasta molto spesso. 在意大利人们常常吃面食。
  In Italia si parlano molti dialetti. 在意大利人们说很多方言。
  Il vino si fa con l'uva. 葡萄酒是由葡萄酿制而成的。

2 come 意为 "作为" "以……资格"。

例如：
  Cerco lavoro come baby sitter. 我找一份做保姆的工作。
  Lo hanno scelto come loro portavoce. 他们选了他做他们的发言人。

II. Ascolta il dialogo tra il signor Liu e l'impiegata e scrivi accanto alle risposte vero (V) o falso (F).

听刘先生和工作人员之间的对话，判断下列句子是否正确。

1. Liu si trova in un grande magazzino. ( )
2. Liu desidera comprare un appartamento. ( )
3. Lo vuole di 80 metri quadrati(mq). ( )
4. Un appartamento di 90 mq in centro costa 900 euro al mese.

( )

5. Le spese sono incluse nel prezzo. ( )
6. Le spese sono per il riscaldamento, l'acqua, l'ascensore, la pulizia delle scale. ( )
7. Il signor Liu non vuole spendere più di 1050 euro. ( )
8. L'impiegata trova immediatamente una casa ideale per il signor Liu. ( )

III. Riascolta di nuovo la registrazione e scegli l'alternativa giusta.

再次听上题的录音，选择正确的选项。

1. Liu va
   a. in un'agenzia immobiliare.　　b. in un'agenzia di viaggi
   c. in un'agenzia matrimoniale　　d. in un'agenzia di stampa

2. La casa
   a. ha molti box　　b. non ha il garage
   c. ha due garage　　d. ha il garage

3. Liu vuole
   a. comprare un appartamento
   b. prendere in affitto un appartamento
   c. vendere un appartamento
   d. prendere in prestito un appartamento

4. L'affitto dell'appartamento in centro è
   a. di 1050 euro, spese escluse　　b. di 850 euro, spese escluse
   c. di 1500 euro, spese escluse　　d. di 900 euro, spese escluse

5. La famiglia di Liu è composta:
   a. da 5 persone　　b. da 4 persone
   c. da 3 persone　　d. da 2 persone

6. Le spese

    a. non comprendono il gas

    b. non comprendono il riscaldamento

    c. non comprendono l'ascensore

    d. non comprendono la manutenzione del palazzo

7. L'appartamento proposto dall'impiegata è di

    a. 90 mq   b. 110 mq

    c. 120 mq   d. 80 mq

8. La casa di Liu in Cina

    a. è molto grande   b. costa tanto

    c. è molto vecchio   d. si trova in periferia

9. In Italia per gli immigrati

    a. è meglio comprare una casa

    b. l'affitto è troppo esagerato

    c. è facile trovare una casa in affitto a buon mercato

    d. è impossibile trovare una casa in affitto a buon mercato

10. Liu cerca una casa

    a. da quindici giorni   b. da quattro mesi

    c. da sei mesi   d. da una settimana

IV. Ascolta l'intervista di cinque persone e rispondi alle domande seguenti.

听对五个受访者的采访录音，回答下列问题。

1. Nella prima intervista perché le camere non sono rumorose?

2. Da quanti locali è composto l'appartamento della prima intervistata? E quali sono?

3. Nella seconda intervista che tipo di abitazione è la casa? E con chi abita l'intervistato?

4. A quale piano vivono i genitori del secondo intervistato?

5. Che cosa c'è nella camera della terza intervistata?

6. Il palazzo dove vive il quarto intervistato è moderno o antico?

7. Da quante camere da letto è composta la casa del quarto intervistato?

8. Il quarto intervistato è il proprietario della casa dove abita?

9. In quale città costa di più l'affitto? A New York o a Milano secondo l'ultimo intervistato?

10. Dove lavora l'amico dell'ultimo intervistato? A New York o a Milano?

V. Ascolta il dialogo tra una signora e il proprietario dell'appartamento e completa le parti mancanti.

听一位女士与房主之间的对话，将下面空缺的部分补充完整。

Signora: Pronto?

Proprietario: Pronto, buongiorno, con chi parlo scusi?

Signora: Buongiorno, chiamo per _____ dell'appartamento in affitto. L'ha messo Lei?

Proprietario: Sì, è _____?

Signora: Sì, ma... prima vorrei delle informazioni.

Proprietario: Sì, mi dica.[1]

Signora: L'appartamento è grande?

Proprietario: No, è un _____, circa 40 metri quadrati. Una camera da letto, _____, con _____ _____ e bagno.

Signora: Dunque, quanti _____ _____ ci sono?

Proprietario: _____ due, perché c'è una camera con un letto _____.

Signora: Ah, _____!

Proprietario: Perché dice così? In quanti siete?

Signora: Quattro. Siamo io, mio _____ e due _____. In effetti, la bambina di due anni può _____ con noi. Però _____ ancora un letto per nostro figlio di 8 anni.

Proprietario: Beh, allora, se Le va[2] posso _____ ancora un letto per il bambino, nella camera da letto o nel _____.

Signora: Sì, è una buona idea. Comunque, _____ nella

―――――――――――

1 dica: 动词 dire 的命令式第三人称单数变位，意为"（您）请讲"。

2 andare (bene) a qualcuno qualcosa / di (fare) qualcosa 意为"愿意做某事""适合某事"。
  例如：
  Non mi vanno le scarpe con tacco alto. 高跟鞋不适合我。
  Ti va di uscire a fare una passeggiata con me? 你愿意跟我出去散个步吗？

camera da letto se è abbastanza grande.

Proprietario: Sì, non si preoccupi[1]. Un _____ ci _____ senza
problemi.

Signora: Perfetto! A _____, dove si trova questo appartamento?

Proprietario: In periferia. Comunque ci sono anche molte _____
di autobus per quella zona.

Signora: Ma ci sono _____ vicini?

Proprietario: Sì sì, tantissimi. C'è anche un grande _____
_____ lì.

VI. **Luigi, Vittoria e Teresa vogliono affittare una camera del
loro appartamento. Dopo[2] aver parlato con un ragazzo
e una ragazza ora devono scegliere fra i due. Ascolta e
scrivi i vantaggi e gli svantaggi dei due candidati.**
路易吉、维多利亚和特雷莎想把他们房子里的一个房间租出去。在跟一
男、一女两位求租者交谈过后，现在他们需要从两人当中选出一位。听
录音，写出两位候选人的优势和劣势。

	VANTAGGI	SVANTAGGI
Giorgio		
Olivia		

Alla fine decidono di scegliere _____.

---

1 si preoccupi: 动词 preoccuparsi 的命令式第三人称单数变位，non si preoccupi 意为"您别担心"。

2 dopo: 后面加名词或者加动词不定式的过去时（即 avere/essere+ 过去分词）表示"在（做完）某事之后"。
例如：
Andiamo in pizzeria dopo la lezione? 下课之后我们去吃披萨怎么样？
Dopo aver mangiato terremo una breve riunione. 饭后我们将要开个小会。
Dopo essere uscita dal dentista, è andata subito a fare una grande mangiata. 在看完牙医之后，她立
刻跑去大吃了一顿。

In questa parte trovi un articolo da leggere, dopo la lettura rispondi alle domande seguenti e poi scrivi un tema di almeno 80 parole.

读短文，回答下列问题，然后写一篇有关该主题的小文章，字数不少于 80 个单词。

Fidanzati in affitto: in Cina è boom

Spesso, per molti giovani cinesi tornare alla casa dei genitori durante la Festa della Primavera si tramuta in un incubo. Si tratta di quei ragazzi e ragazze che ancora non si sono fidanzati. Per loro è un periodo di forti pressioni familiari. Soprattutto le ragazze rimaste ancora nubili a 28 anni, talvolta anche a 25 vengono considerate* come avanzi della società (si chiamano *Sheng Nv* nella lingua cinese) proprio perché ancora non sono riuscite a trovare l'uomo della loro vita.

A chi non è capitato alle cene della vigilia del Capodanno cinese di sentirsi dire dai parenti, addirittura dai vicini di casa:"Ma ti sei fidanzata?", "Ormai sono vecchia, riuscirò a partecipare al tuo matrimonio prima di morire?", "Lo vedrò mai un nipotino?", "I tuoi amici sono tutti già sposati, tu cosa aspetti?" E subito cercheranno, in buona fede, di presentare al malcapitato quante più ragazze/ragazzi possibili.

Come fare allora? Beh… c'è chi ha trovato la soluzione e ci fa pure soldi. Fioccano, infatti, i siti internet che permettono di noleggiare un fidanzato o una fidanzata. Il più importante di questi siti è *taobao*, il famoso sito cinese di acquisti online. Cercando la parola "fidanzato in affitto" si possono trovare alcuni annunci interessanti: i ragazzi in questione si offrono di presentarsi in famiglia, durante le feste e fingere di essere il futuro sposo. Nella descrizione indicano la loro altezza e il peso, i loro hobby e le caratteristiche essenziali (tipo se amano gli animali, che musica ascoltano…). Lui o lei, costano in media 50 euro

> * venire+过去分词: 表示被动，但这种被动语态的结构不可用于复合时态。
>
> 例如：
>
> Dante Alighieri viene letto in tutto il mondo.
>
> 全世界都在读但丁（的作品）。
>
> C'è chi dice che ormai tutto il mondo viene controllato dal computer.
>
> 有人说如今整个世界都被电脑控制了。

al giorno e in questa tariffa garantiscono un'ottima conversazione con i parenti, di tenersi per mano e abbracciarsi o addirittura scambiarsi qualche bacetto.

1. Perché secondo l'autore, "Spesso, per molti giovani cinesi tornare alla casa dei genitori durante la Festa della Primavera si tramuta in un incubo"?
2. Quali sono le domande spesso fatte ai giovani non sposati durante la Festa della Primavera?
3. Come si dice in italiano una ragazza non sposata? E un ragazzo non sposato?
4. Cosa è *taobao*?
5. Per evitare le continue sollecitazioni da parte dei genitori sul tema del matrimonio, che soluzione hanno trovato i giovani cinesi single?
6. Come si riesce a trovare un/una fidanzato/a in affitto?
7. Quanto costa l'affitto per noleggiare un/una fidanzato/a?
8. Quali servizi comprende un tale affitto?

4

Driiiinnn
第四单元 喂

Difficoltà linguistica: ★ ★

Contenuti grammaticali: i pronomi diretti, indiretti e combinati,

frasi interrogative (2)

Contenuti comunicativi: effettuare una chiamata, lasciare un

messaggio, ricevere un messaggio,

ripetere il numero telefonico

Contenuti culturali: galateo telefonico

Parte A
Warm Up 热身

I. Per ogni funzione cerca l'espressione giusta.
根据提示，找到适当的表达形式。

1. Rispondere al telefono
2. Chiedere l'identità al chiamante
3. Chiedere di parlare con una persona
4. Dire che la persona c'è però non può rispondere subito al telefono
5. Dire che la persona non c'è
6. Passare una persona
7. Chiedere al chiamante di provare a chiamare in un altro momento
8. Dire al chiamante che il numero è sbagliato
9. Chiedere al chiamante di lasciare un messaggio
10. Chiedere come si scrive il nome alla persona che telefona

A. Puoi sillabare il tuo nome?

B. Scusa, con chi parlo?

C. Pronto? *

D. Luisa? Non è in casa in questo momento.

E. Vuoi lasciare un messaggio?

F. Posso parlare con Linda?

G. Mi dispiace, ha sbagliato numero.

H. Marco è al cellulare, ti chiama dopo.

I. È uscito per il pranzo. Può richiamare tra mezz'ora?

J. Aspetti un momento. Glielo passo subito.

1-____ 2-____ 3-____ 4-____ 5-____
6-____ 7-____ 8-____ 9-____ 10-____

> * 意大利人在接打电
> 话时都会首先说
> pronto，相当于汉
> 语中的"喂"。
> pronto 一词在意
> 大利语中的原意是
> "准备好的"。这
> 一习惯起源于最初
> 人们刚开始使用电
> 话时，并不能直接
> 呼叫对方号码，而
> 是需要由接线员来
> 接通线路，而接线
> 员在连通好线路之
> 后会说 pronto 来
> 表示操作完成。

II. Ascolta le frasi e scrivile. Poi trasforma il registro delle frasi che senti in modo formale come nell'esempio.

把录音中的句子写到横线上。然后按照例子的形式，将这些句子转变为尊称形式。

> Esempio: Puoi sillabarlo?
>
> Può sillabarlo, per cortesia?

1. _____

   _____

2. _____

   _____

3. _____

   _____

4. _____

5. _____

   _____

6. _____

   _____

7. _____

   _____

8. _____

9. _____

   _____

III. Leggi e metti in ordine le battute del dialogo.

将下列对话中的句子重新进行排序。

Dialogo 1

( ) - Pronto?

( ) - Allora, richiamo dopo.

( ) - Come, scusi? Non ho capito il nome.

( ) - Pronto, buongiorno, sono Paolo.

( ) - Sono Paolo Diadori. Vorrei parlare con Antonio.

( ) - Antonio non c'è. È al lavoro.

Dialogo 2

( ) - Pronto?

( ) - No, questo è il 38.41.68.

( ) - Ah, mi scusi.

( ) - Come, scusi?

(   ) - Non è il 38.41.78?

(   ) - Sono Andrea, c'è Mauro?

Dialogo 3

(   ) - Buongiorno, ufficio del dottor Valentini.

(   ) - Attacchi che Li richiamo.

(   ) - Si sente molto male!

(   ) - Pronto?

(   ) - Buongiorno, posso parlare...?

(   ) - Pronto? Mi sente?

Dialogo 4

(   ) - Buonasera, c'è Michela?

(   ) - Pronto?

(   ) - Sono Augusto.

(   ) - Un attimo che Gliela passo.

(   ) - Chi la desidera?

Parte B
Comprensione 听力理解

I. **Ascolta il lessico necessario per fare una telefonata e scrivi le parole che senti.**
你将听到一些在打电话时可能用到的实用词汇，请把它们写出来。

1. _____
2. _____
3. _____
4. _____
5. _____
6. _____
7. _____
8. _____
9. _____
10. _____
11. _____
12. _____
13. _____

II. **Ascolta le frasi che spesso senti al telefono e scrivile.**
你将听到一些在打电话时可能用到的实用句子，请把它们写出来。

1. _____.
2. _____.
3. _____.
4. _____.
5. _____.
6. _____.
7. _____.
8. _____.
9. _____.
10. _____.

III. Ascolta i dialoghi e completa le parti mancanti.

听对话，然后将下面的句子补充完整。

1. Susanna telefona alla madre dalla città di _____. Secondo lei è una città _____ ma _____ . Poi visiterà la città di _____.

2. Veronica non sta bene perché _____.

3. Valeria e Cinzia fissano l'appuntamento _____ (ora), (data), _____, (luogo).

4. Cecilia non può rispondere al telefono perché _____.

5. Gianni non accetta l'invito di Elisa perché _____.

IV. Ascolta i dialoghi e scegli l'alternativa corretta.

听对话，选择正确的选项。

1. Il chiamante vuole
   a. lasciare un messaggio
   b. parlare con la signora Zanetti
   c. parlare con la segretaria della signora Zanetti

2. Enrico chiede alla signora di
   a. parlare ad alta voce
   b. lasciare un messaggio
   c. chiamare Sara al telefono

3. La segretaria dice che
   a. il dottor Messina non è in ufficio
   b. il dottor Messina è in vacanza
   c. il dottor Messina è libero prima delle sei

4. La segretaria chiede al chiamante di aspettare perché
   a. l'architetto non è in ufficio
   b. non sa se l'architetto è in ufficio o no
   c. l'architetto è in ufficio però è molto occupato

5. Greta
   a. non conosce Giuseppe
   b. abita in Italia
   c. abita a Pechino

V. Ascolta la telefonata e scrivi accanto alle risposte vero (V) o falso (F).

听对话，判断下列句子是否正确。

1. Il dialogo telefonico riguarda una questione di soldi. ( )

2. Giorgio deve sillabare il suo cognome perché è un cognome poco conosciuto. ( )

3. Giorgio telefona all'ufficio personale per controllare se il suo CV* è arrivato. ( )

4. In questa agenzia il salario dopo il periodo di prova è di almeno 800 euro. ( )

5. Giorgio non riceve la conferma perché non è stato selezionato* per il colloquio. ( )

6. Qualche giorno fa Giorgio ha inviato un CV per un posto di lavoro. ( )

7. In questa agenzia si riposa il sabato e la domenica. ( )

8. Il periodo di prova dura due mesi. ( )

9. Giorgio chiamerà il giorno dopo per sapere l'orario del colloquio di lavoro. ( )

> * CV是 curriculum vitae 的缩写，意为"个人简历，履历"。

> * è stato selezionato 是 selezionare 的被动语态的近过去时。

VI. Adesso siamo al call center dell'Azienda ** specializzata nella produzione di sistemi per il riscaldamento. Ascolta i dialoghi e completa la tabella.

现在我们在暖气设备制造公司"某集团"的客服中心，听几段电话录音，然后将下表补充完整。

	Chi telefona?	Quale persona vuole cercare?	Quale messaggio lascia?
1.	Alessandra Schillaci		
2.	_____		
3.		il dottor Brocolini	
4.	Dario Fellini		
5.	Rossini		

Parte C
Capacità Creativa 能力拓展

I. Scegli l'alternativa corretta.
选择正确的选项。

1. Sono spiacente, _____ numero.

   a. ha sbagliato   b. è sbagliato

   c. si è sbagliato   d. si ha sbagliato

2. Grazie per _____ .

   a. chiamare   b. aver chiamato

   c. chiamarmi   d. esser chiamato

3. Può _____ il Suo nome, per favore?

   a. scrivere   b. leggere

   c. sillabare   d. spiegare

4. Il _____ per chiamare la Cina è 0086.

   a. codice   b. suffisso

   c. numero   d. prefisso

5. Chi _____, scusi?

   a. sillaba   b. parla

   c. dice   d. aspetta

6. Non è a casa _____ .

   a. in questo momento   b. nel momento

   c. al momento   d. nel questo momento

7. Se lavori come segretaria, quando ricevi una chiamata devi presentarti con il tuo nome o con il nome del tuo _____.

   a. settore   b. marito

   c. capo   d. segretario

8. Rimanga in _____ un attimo, per cortesia.

   a. telefono   b. linea

   c. gruppo   d. casa

9. Per confermare di aver capito, si dice_____.

   a. prego   b. grazie

   c. ho capito   d. arrivederci

10. Per chiudere la telefonata, si dice _____.

    a. addio   b. pronto

    c. pronto, buongiorno   d. buongiorno

II. Formula le domande sulla parte sottolineata.

按照例句的形式，对画横线的部分进行提问。

Esempio: Ha telefonato <u>la signora Zanetti</u>.

               Chi ha telefonato?

1. Ha telefonato <u>alle 13.00</u>.

   _____

2. Le chiamate al cellulare costano <u>1,20 euro</u> al minuto*.

   _____

3. Telefono <u>a Elisabetta e a Sara</u>.

   _____

4. Desidero* parlare <u>con il signor Rossi</u>.

   _____

5. Chiamo <u>da Bergamo</u>.

   _____

6. Ha riagganciato <u>perché non ha trovato nessuno</u>.

   _____

7. Ha trovato il nostro indirizzo <u>nelle pagine gialle</u>.

   _____

8. Il messaggio parla di* <u>un concerto di musica classica</u>.

   _____

III. Scegli il pronome giusto.

选择正确的代词。

Signora: Pronto?

Guglielmo: Buongiorno signora, può passar**mi/la/ci** Cristina?

* al minuto 意为"平均每分钟"。前置词 a + 定冠词 + 名词，表示"平均每……"。

例如:

Quanto spendete in alcol alla settimana?

你们平均每周在饮酒方面花多少钱?

Quanto denaro guadagnate al mese?

你们平均每个月挣多少钱?

* desiderare + 名词 或者 desiderare (+ di) + 动词原形，表示"希望(做)某事"。

例如:

Che cosa desidera? Un tè al limone.

您想要点什么? 一杯柠檬茶。

Chi desidera?

您找谁?

Desidero un po' di silenzio.

我想要安静一会儿。

Desideravo parlarti.

我本来想跟你谈一谈。

* parlare di qualcosa 意为"谈论某事，谈及某事"。

例如:

In questo libro l'autore parla del rapporto con i figli.

在这本书中，作者谈到了跟子女的关系问题。

Tutti parlano del nuovo film di Ben Affleck.

大家都在谈论本·阿弗莱克的新电影。

Signora: Purtroppo in questo momento non c'è. Chi **lo/la/le** desidera?

Guglielmo: Sono Guglielmo, il suo compagno di classe.

Signora: Ah, scusami, Guglielmo, Non **l'/ti/mi** avevo riconosciuto.

Guglielmo: Non si preoccupi, sa quando ritorna Cristina?

Signora: È andata in montagna a fare una gita con degli amici e **lo/ne/ci** rimane fino a questa domenica.

Guglielmo: Va bè, non **me l'/me la/ te ne** aveva detto…

Signora: Senti, Guglielmo, perché non provi a chiamar**ti/le/la** al cellullare? Ce **l'/ la/ ne** hai il suo numero?

Guglielmo: Sì, sì, **ci/ne/l'**ho provato, non **la/mi/ne** ha risposto.

Signora: Vuoi lasciar**gli/lo/le** un messaggio?

Guglielmo: Sì, **gli/lo/le** può dire di telefonarmi quando ritorna a casa?

Signora: Certo! **Gliela/Gliene/Glielo** dico appena ritorna.

IV. Rispondi alle domande seguenti usando i pronomi combinati e i verbi adatti.

用组合代词和适当的动词回答下面的问题。

1. Hai fatto vedere le foto allo zio Lino?[1]

   Sì, _____

2. Quando ti hanno fatto la multa?

   _____ oggi.

3. Gli hai preparato tu la cena?

   Sì, _____.

4. Hai detto a Susanna che vengo a trovarla stasera?

   Sì, _____.

5. Vuoi conoscere Paola? (io) _____ stasera.

6. Vittoria mi ha prestato 5 euro. Devo ricordarmi di _____.

1　Hai fatto vedere le foto allo zio Lino? 意为"你让李诺叔叔看照片了吗？"，fare... (fare)... 表示让某人做某事，当第二个 fare（即动词原形）后面有直接宾语时，让某人做某事中的"某人"为间接宾语，如果第二个 fare 后面没有直接宾语，则让某人做某事中的"某人"为直接宾语。

例如：

Ho fatto arrabbiare la mamma. 我把妈妈惹生气了。

Te lo faccio sapere appena abbiamo deciso. 我们一有决定我就会通知你的。

Gli faccio sentire il nuovo disco di Jovanotti. 我给他（们）听 Jovanotti 的新唱片。

7. Chi porta le fotocopie al direttore?

_____ porto io mentre vado in ufficio.

8. Mi porti le foto del viaggio?

_____ appena posso.

V. Scrivi nella tabella le battute che senti e poi completa queste conversazioni telefoniche.

将你听到的句子写入表格，然后选择合适的句子把将下列对话一一补充完整。

A. Ha digitato male l'ultimo numero.	G.
B.	H. Buongiorno, sono Hans Weber. Posso parlare con la dottoressa?
C. Chi parla?	I. Vorrei parlare con il professore.
D.	J.
E.	K. Quando posso trovarla?
F. Purtroppo Manuela è fuori.	L.

1. - Pronto? _____

   - Sono Rosella. Posso parlare con Olivia?

   - _____. È in palestra.

   - _____

   - Dopo le sei.

2. - Buonasera, sono Serena Corsini. Parlo con casa Freschi?

   - _____

   - Vorrei parlare con Manuela Freschi.

   - _____

3. - Pronto? Ufficio del Prof. Molini, buongiorno.

   - _____

   - Mi dispiace, ma non c'è. Vuole lasciare un messaggio?

   - _____

   - Allora può provare a richiamare oggi pomeriggio.

4. - Pronto? Isola D'oro?

   - _____

   - Non è il 7202860?

-   _____

- Che numero ha Lei, scusi?

-   7202861. _____

5. - Pronto? Chi desidera?

-   _____

-   _____

VI. Ascolta delle formule per fare telefonate e rispondi alle domande seguenti con le frasi adatte.

录音中你将听到一些在打电话时可能用到的句子，针对下面列出的不同状况将相匹配的句子填写在横线上。

1. Uno sconosciuto ha sbagliato il numero e ti chiede scusa. Che cosa dici?

    _____

2. Un cliente vuole parlare con il direttore del tuo ufficio che è fuori per una riunione. Che cosa dici?

    _____

3. La persona che cerchi non c'è al momento e vuoi parlare di persona con lui. Che cosa dici?

    _____

4. Sono le sei di mattina. Ha una cosa molto urgente da dire ad un amico e forse dorme ancora. Che cosa dici?

    _____

5. Sei al telefono e non sai con chi stai parlando. Che cosa dici?

    _____

6. Sei la segretaria e un cliente vuole parlare con il direttore e devi passarglielo. Che cosa dici?

    _____

7. L'ex-ragazzo di tua sorella la cerca. Non sai se tua sorella vuole parlargli, ma non vuoi essere scortese. Che cosa dici?

    _____

8. Non conosci bene l'italiano e la persona che telefona parla troppo in fretta. Che cosa dici?

    _____

VII. Prova tu! Preparati a fare una telefonata. Dividetevi in coppie per simulare una conversazione telefonica.

请你来试试吧！按照下面的场景要求，找一位搭档与你进行打电话模拟练习。

1. Chiami la segretaria della scuola "in Italiano" ma sbagli numero. Controlli il numero che hai e ti scusi.

2. Sei la mamma di Valentina. Una sua amica la chiama e rispondi tu. Siccome Valentina sta già parlando al cellulare, prendi tempo e poi passi la telefonata a tua figlia.

3. Fai una telefonata alla tua amica, Valentina. Risponde sua madre. Valentina non è in casa in questo momento. Lasci un messaggio chiedendo[1] a Valentina di telefonarti appena ritorna.

---

1 Chiedendo 是 chiedere 的副动词，表示与主句同时发生，并且是同一个人完成的动作。
例如：
Leggendo questo libro ho capito molte cose. 在读这本书的过程中，我明白了很多事。
Leggendo questo libro capirò molte cose. 在读这本书的过程中，我将会明白很多事。

Parte D
Verifica 自我评估

I. **Ascolta la telefonata e scrivi accanto alle risposte vero (V) o falso (F).**

听电话录音，判断下列句子是否正确。

1. Fabio ha telefonato presto a casa di Dario.　　　　　(　)
2. Dario ha subito riconosciuto la voce di Fabio.　　　　(　)
3. Fabio dà del tu a Dario.　　　　　　　　　　　　　　(　)
4. Dario sta ancora a letto.　　　　　　　　　　　　　　(　)
5. A Fabio piace il suo lavoro perché guadagna tanto.　　(　)

II. **Riascolta la telefonata dell'esercizio precedente e scegli l'alternativa corretta. Attenzione: la scelta corretta può essere più di una.**

再次听上题中的对话，选择正确的选项。注意：正确答案可能不止一个。

1. Dario chiede " Fabio?"

   a. Perché non ha un amico che si chiama Fabio

   b. Perché non si sente bene la voce

   c. Per richiamare l'attenzione del suo amico

   d. Perché non ha capito subito chi è questo Fabio

2. Dario dice "si tira avanti" per esprimere

   a. che sta molto bene

   b. che non sta bene

   c. che non sta né male né bene

   d. che si continua la solita vita

3. Questi due amici non si vedono

   a. da molto tempo

   b. da un secolo

   c. da poco tempo

   d. da una settimana

4. Dario dice "sono confuso"

    a. perché fino a quel momento non ha capito ancora chi è Fabio

    b. per chiedere scusa non avendo riconosciuto subito la voce del suo amico

    c. perché si è appena svegliato

    d. perché non si vedono da un secolo

5. Adesso Fabio ha un lavoro

    a. a tempo pieno

    b. con uno stipendio basso

    c. come barista

    d. all'università

III. Ascolta i 5 messaggi alla segreteria telefonica e individua a quali situazioni si riferiscono.

听五段电话留言录音，指出它们分别属于下面哪一种情况。

1. a. conferma dell'orario del volo

    b. conferma del hotel

    c. conferma del biglietto dell'aereo

2. a. orario del viaggio

    b. orario di un appuntamento con il medico

    c. orario di una riunione

3. a. risultato della domanda per ottenere un permesso di soggiorno

    b. risultato della domanda per ottenere un posto di lavoro

    c. risultato della domanda per ottenere il visto

4. a. festa di compleanno di un amico

    b. festa per il ritorno di un amico

    c. festa per la partenza di un amico

5. a. compleanno del figlio

    b. laurea del figlio

    c. nascita del figlio

Ascolta la telefonata e scegli l'alternativa corretta.

听电话录音，选择正确的选项。

1. Marcella dice "attacca che ti richiamo*" perché

    a. La linea è occupata

    b. La sua amica non risponde al telefono

    c. La linea è disturbata

2. Marcella non è venuta a lezione a causa

    a. del freddo   b. della sua salute

    c. della famiglia

3. Antonella dice "Beata te!" perché

    a. così non deve studiare per la prova

    b. anche lei preferirebbe avere il raffreddore

    c. così non deve scrivere i compiti

4. Il giorno dopo ci sarà l'interrogazione di

    a. greco   b. latino

    c. storia dell'arte

5. Antonella dice "Ho paura di fare una figuraccia" perché

    a. ha paura di non essere brava

    b. ha paura di non essere bella

    c. ha paura di non aver studiato abbastanza

6. Marcella risponde "Mica ti mangia!" per

    a. spaventare la sua amica

    b. invitare la sua amica a mangiare

    c. consolare la sua amica

7. Il prof. di storia dell'arte non ha interrogato Antonella perché

    a. secondo lui Antonella non si è preparata bene

    b. secondo lui il tempo non è sufficiente

    c. secondo lui non c'è bisogno di interrogare tutti

8. Giorgia non si è comportata bene in classe perché

    a. ha un problema d'amore

    b. ha un problema di salute

    c. ha un problema di famiglia

9. Marcella dice "non mi dire..." perché

    a. non vuole sentire più le parole della sua amica

> * attacca che ti richiamo 意为"挂掉电话，我再给你打过去"，che 可引导原因或目的从句（目的从句中的动词常常需要使用虚拟式）。
>
> 例如：
> Copriti bene che fuori fa freddo.
> 多穿点衣服，外面冷。

b. la notizia è troppo incredibile

c. ha un'altra cosa da fare e non può parlare al telefono

10. Marcella vuole andare al cinema perché

a. a lei piacciono molto i film americani

b. vuole fare compagnia a Giorgia

c. vuole fare compagnia a Antonella

V. Susanna abita in un appartamento con altre 3 studentesse. Oggi tutte e tre le amiche sono uscite mentre lei è rimasta a casa a studiare. Riceve delle telefonate e adesso deve scrivere degli appunti per le sue amiche. Ascolta le chiamate e prendi gli appunti al posto di Susanna.

苏珊娜跟其他三位女生合租一套公寓。今天她的三位室友都出去了，只留下她一个人在家里学习。她接到了几个打给她室友们的电话，她要把电话的内容记下来。现在请你来听这些电话录音，帮助苏珊娜完成这个工作吧。

1. Messaggio per <u>Flora</u>.

   Chi ha telefonato? _____

   Che cosa ha detto? Parte per _____ e ritorna _____.

   Non può _____ stasera.

2. Messaggio per _____

   Chi ha telefonato? _____.

   Che cosa ha detto? Vorrebbe in prestito la tua _____ per andare all' _____. Puoi richiamarlo?

3. Messaggio per _____

   Chi ha telefonato? _____

   Che cosa ha detto? Ha provato a telefonare al tuo _____, ma è _____. Ti _____ al _____ Gianni fino alle ore _____.

VI. Leggi il brano, poi per ogni espressione (1-5) cerca la spiegazione giusta (A-E).

读下面这段文字，为每种表达方式（1-5）找到恰当的释义（A-E）。

Ieri ho provato a chiamare Roberta, la mia migliore amica. Volevo chiederle se era libera e invitarla a cena da me. Prima ho telefonato a casa sua, anche se il **numero era libero**, non mi rispondeva nessuno. Allora ho chiamato sul suo **cellulare** però era spento. Così le ho lasciato un messaggio su Wechat. Dopo due ore mi ha chiamato da casa e mi ha spiegato che la sua **batteria** era **scarica** e non aveva un **caricatore** con sè. Ha ricevuto il mio messaggio solo dopo esser tornata.

1. Numero libero =

2. Cellulare =

3. Batteria =

4. Scarico =

5. Caricatore =

A. È chiamato anche telefonino. È un telefono che si può usare in qualsiasi luogo, dentro o fuori casa.

B. Il cellulare è privo di carica e in questo caso non riusciamo ad accendere il telefonino.

C. Dispositivo che serve a caricare un accumulatore, chiamato anche caricabatteria.

D. Il telefono della persona che stai chiamando squilla, ma quella persona non risponde al telefono.

E. Dispositivo di accumulazione di energia elettrica che riesce a fornire la carica.

VII. Ascolta delle regole da rispettare per fare una telefonata in ufficio, e segna con una crocetta (✗) le affermazioni corrette.

听录音中一些关于在办公室打电话的礼仪，在正确的句子后面打 ✗。

1. Non è importante avere un sorriso sul volto perché il chiamante non può vederlo.   (   )

* bisognare 为无人称动词，常常用其第三人称单数变位+动词原形，意为"必须，应该……"，类似用法的动词还有 occorrere（必须，需要），bastare（……就够了）等等。

例如：

Bisogna avere pazienza.

必须要有耐心。

Basta riposarsi una settimana.

只需要休息一周就可以了。

Occorre arrivare in orario.

必须要按时抵达。

2. È molto scortese fare una telefonata alle undici di sera. (　　)

3. È meglio evitare di telefonare a qualcuno alle ore dei pasti. (　　)

4. Bisogna* essere paziente e parlare in modo chiaro e gentile quando rispondi al telefono. (　　)

5. Non devi mai fornire il nome della tua impresa quando rispondi al telefono. (　　)

6. Se ricevi una chiamata da altro reparto dell'azienda devi prima dire il nome del tuo reparto. (　　)

7. Se non capisci l'interlocutore, non devi mai chiedergli di parlare lentamente. (　　)

8. Se la persona che ha chiamato vuole parlare con qualcuno che al momento è assente, devi chiedergli di lasciare un messaggio. (　　)

VIII. **L'uso dei numeri di emergenza è in genere riservato alle situazioni di effettivo pericolo. Conosci i seguenti numeri telefonici di emergenza in Italia? Abbina i numeri della prima colonna con la spiegazione della seconda colonna.**

在某些紧急情况中需要使用到某些紧急号码。你了解在意大利下面这些电话号码的代表意义吗？将下题中的电话号码与相应的功能解释进行正确连线。

112	Polizia di Stato
113	Emergenza Infanzia
114	Emergenza Sanitaria
115	Vigili del Fuoco
118	Carabinieri

5 Che tempo fa?

5 Che tempo fa?

第五单元　天气如何?

Difficoltà linguistica: ★ ★

Contenuti grammaticali: forma impersonale, espressioni e verbi relativi al tempo atmosferico

Contenuti comunicativi: chiedere e descrivere il tempo meteorologico, chiedere e dire la temperatura, chiedere e dire le previsioni del tempo, esprimere accordo e disaccordo

Contenuti culturali: clima in Italia

Parte A
Warm Up 热身

I. Conosci queste parole?

你认识这些单词吗？

1. Completa le frasi seguenti con gli aggettivi che descrivono i diversi fenomeni atmosferici.

用描述天气现象的形容词将下列句子补充完整。

1. C'è il **sole**. È una giornata _____.

2. C'è la **pioggia**. Il tempo è _____.

3. Con questa **nebbia** così fitta non si vede niente. È una mattina _____.

4. Ci sono le **nuvole**. Il cielo è _____.

5. Gran caldo ovunque e anche *tanta* **afa**. Fa un caldo _____.

6. Tira **tanto vento.** È un giorno _____.

7. C'è il **ghiaccio** dappertutto. Le strade sono tutte _____!

8. Quando *piove* e c'é molta **umidità** nell'aria. È veramente _____.

2. Completa le parti mancanti.

将下列句子中空缺的部分补充完整。

1. Dopo la pioggia arriva l'__rc__b__le__o.

2. Questo inverno il clima è molto secco. Non è caduto[1] neanche un f__ __cco di neve.

3. Hai sentito le pre__i__ __on__ del tempo ?

4. Un vento leggero si chiama un v__n__ __ce __ __o.

5. Amore a prima vista si chiama anche un colpo di ful__ __ __ __.

6. Viaggiare in traghetto col mare m__ __ __o non è bello se si soffre di mal di mare.

7. Si avvicina l'estate. La temperatura è in a__ __e__to.

---

1 caduto 为动词 cadere 的过去分词，意为"摔倒，跌落"，其用法非常灵活。可与 pioggia, nebbia, neve 等表示天气现象的名词连用，表示出现某种天气现象。同时也常常与节假日连用，意为"恰逢，适逢"。

例如：

È caduta la neve. 下雪了。

La borsa è caduta nell'acqua. 包掉进了水里。

Mentre le telefonavo è caduta la linea. 我给她打电话的时候断线了。

Quest'anno Natale cade di domenica. 今年圣诞适逢周日。

Cade la notte. 夜幕降临。

8. L'inverno a Harbin è molto freddo. La temperatura è sempre sotto lo z__ __ __.

9. Le Hawaii godono di un clima favoloso: m__te e tiepido.

10. Ieri la temperatura ha superato i 34 g__ __d__.

11. È una giornata di freddo e ma__t__ __po al Sud Italia: arrivano forti piogge e temporali.

II. Impariamo le frasi utili per descrivere il tempo.
下面学习一些在描述天气时可以用到的句子。

1. Ascolta e scrivi le esclamazioni sul tempo che senti.
听录音，写出你所听到的有关天气的感叹句。

1. _____.

2. _____.

3. _____.

4. _____.

5. _____.

6. _____.

7. _____.

8. _____.

9. _____.

10. _____.

2. Collega le frasi o espressioni alle descrizioni date a sinistra.
将左侧的描述与右侧的句子进行连线。

1. chiedere la temperatura   A. Ci sono 30 gradi.

2. descrivere il tempo   B. Da te che tempo fa?

3. fare ipotesi   C. Che tempo prevedono per domani?

4. esprimere gioia per il bel tempo   D. Quanti gradi ci sono nella tua città?

5. dire le previsioni del tempo   E. Se piove cosa facciamo?

6. chiedere le previsioni del tempo   F. Ha nevicato[1] tutta la notte.

7. chiedere il tempo   G. Che bel cielo azzurro oggi!

8. dire la temperatura   H. Le previsioni del tempo dicono che domani pioverà.

---

1 表示天气现象的动词，比如 nevicare, piovere, tuonare, grandinare, lampeggiare, diluviare, albeggiare, annottare 等在使用复合时态时，助动词既可使用 avere，也可使用 essere。

例如：

Ieri ha piovuto. / Ieri è piovuto. 昨天下雨了。

Ha nevicato per ben due giorni. / È nevicato per ben due giorni. 雪整整下了两天。

3. Qui hai molte azioni tipiche delle quattro stagioni. Metti ogni azione nella tabella come nell'esempio.

这里列出了在一年四个不同季节中人们会从事的许多典型活动。请按照例子，把每个活动填入表格内合适的位置。

andare a sciare; mangiare il panettone; ~~andare in campagna a fare un pic-nic~~; accendere il riscaldamento; fare l'albero di Natale; mettere i pantaloncini; prendere il sole ed abbronzarsi; fare pupazzi di neve; raccogliere foglie; mangiare una granita; andare al mare; regalare le uova di cioccolato

primavera	estate	autunno	inverno
andare in campagna a fare un pic-nic;			

Parte B
Comprensione 听力理解

I. Completa la tabella delle temperature e rispondi alle domande.

听录音，完成下面的表格，然后回答问题。

TEMPERATURE ITALIANE - 3 Gennaio					
	Min.	Max.		Min.	Max.
Aosta		2	Perugia	2	
Torino		6	Roma	10	
Milano		6		5	
		3		8	
Bolzano		1	Campobasso	4	
Venezia		9	Napoli	11	
Trieste		8		11	
		10	Potenza	4	
Bologna		8	Catanzaro	7	
Firenze		10		13	
Ancona		8		13	

1. In quale città la temperatura è più alta?

2. In quale città la temperatura è più bassa?

3. In quale città la minima è più alta e quale è la temperatura?

4. La temperatura massima è più alta a Cagliari o a Pescara?

5. Quanti gradi di differenza ci sono tra la temperatura massima a Trento e a Napoli?

6. Quanti gradi di differenza ci sono tra la temperatura minima a Catanzaro e a Bolzano?

II. Ascolta la registrazione e descrivi le condizioni meteorologiche menzionate in ogni dialogo.

听录音，指出每段对话中所描述的天气状况。

Dialogo 1

Condizioni meteorologiche:_____(freddo, sereno, nuvoloso)

Dialogo 2

Condizioni meteorologiche:_____(nebbia, temporale, pioggia)

Dialogo 3

Condizioni meteorologiche:_____(sereno, afoso, coperto)

Dialogo 4

Condizioni meteorologiche:_____(afoso, freddo, secco)

Dialogo 5

Condizioni meteorologiche:_____(caldo, secco, piovoso)

III. Ascolta una presentazione sul clima di Pechino e scrivi accanto alle risposte vero (V) o falso (F).

听一段关于北京气候状况的介绍，判断下列句子是否正确。

1. Il clima della Cina e quello dell'Italia sono simili. ( )

2. Il clima della Cina non cambia tanta da una regione all'altra.

( )

3. In inverno a Pechino piove tanto. ( )

4. Si consiglia di indossare il piumino con il cappuccio perché nevica spesso. ( )

5. La primavera di Pechino dura poco. ( )

6. Soffia spesso vento forte in primavera. ( )

7. L'estate di Pechino non è tanto calda. ( )

8. L'estate è considerata[1] la stagione migliore per fare un viaggio a Pechino. ( )

9. In generale l'autunno di Pechino è piacevole. ( )

10. L'estate è la stagione più piovosa di Pechino. ( )

---

1 L'estate è considerata la stagione migliore per fare un viaggio a Pechino. 夏季被认为是北京最适宜旅游的季节。"essere + 动词的过去分词"是最常见的一种被动形式，其中 essere 体现时态，过去分词的性数须与主语性数保持一致。

例如：

Il direttore è molto amato dai suoi dipendenti. 经理受到员工们的爱戴。

I ladri sono stati presi dai poliziotti ieri sera. 昨天晚上小偷们被警察抓住了。

La conferenza sarà tenuta dal Preside della Facoltà di lettere. 会议将由文学系主任主持。

IV. Ascolta il dialogo e completa le parti mancanti.

听录音，将对话中空缺的部分补充完整。

Emma: Ciao Lucia, dove sei andata per Pasqua? Che tempo avete trovato?

Lucia: Sono stata in Sardegna con dei miei amici. Il tempo era bello e abbiamo avuto una settimana di cielo _____ e _____.

Emma: Faceva caldo lì?

Lucia: Sì, molto. Sembrava già estate. C'era della gente che faceva il _____ e che prendeva il sole in _____.

Emma: _____ voi! Invece questa volta non abbiamo avuto molta _____ con il tempo a Milano.

Lucia: Cosa c'era? Perché dici così?

Emma: Siamo arrivati sotto la _____ e ha continuato a _____ per tre giorni _____. E non si è trattato di una semplice _____, ma di forti _____ con _____ e _____! Insomma è stato quasi sempre brutto, _____, nuvoloso.

Lucia: Ma Emma, prima di partire non avevi _____ le _____ del tempo?

V. Ascolta le previsioni del tempo e scegli l'alternativa corretta.

听天气预报，选择正确的选项。

1. Al Nord probabilmente ci sarà

   a. bel tempo   b. pioggia   c. neve   d. nebbia

2. In Toscana nella notte probabilmente ci sarà

   a. vento   b. pioggia   d. neve   d. nebbia

3. Al centro il tempo sarà

   a. nuvoloso   b. sereno   c. cattivo   d. piovoso

4. Al Sud la temperatura è

   a. in aumento   b. in diminuzione

   c. stabile   d. in lieve diminuzione

5. Sulle Alpi la temperatura minima sarà di

    a. 13 gradi   b. 6 gradi   c. 16 gradi   d. 3 gradi

6. A Firenze la temperatura massima sarà di

    a. 13 gradi   b. 6 gradi   c. 16 gradi   d. 3 gradi

7. A Napoli la temperatura minima sarà di

    a. 11 gradi   b. 12 gradi   d. 13 gradi   d. 14 gradi

8. La temperatura di Palermo sarà fra

    a. 14 - 18 gradi   b. 15 - 19 gradi

    c. 15 - 18 gradi   d.14 - 17 gradi

VI. Ascolta le descrizioni del tempo e indovina a quali immagini si riferiscono queste frasi.

听几段关于天气的描述，在相应图片下方横线上标上正确的序号。

Parte C
Capacità Creativa 能力拓展

I. Leggi gli aggettivi nel riquadro e scrivili nella colonna corrispondente.

将方框中的形容词填入相应的方框内。

Il vento	Il cielo	Il clima	Il mare

agitato, mosso, calmo, coperto, nuvoloso, tempestoso, leggero, sereno, variabile, caldo, umido, moderato (2), mite, rigido, forte, soleggiato, debole

II. Trasforma le frasi seguenti con la forma impersonale UNO o TU come nell'esempio.

按照例句的形式，用uno或者tu的无人称形式改写句子。

1. Se fa molto caldo, si lavora male.

   Se fa molto caldo, uno lavora male. / Se fa molto caldo, tu lavori male.

2. Quando il tempo è sereno, ci* si sente rilassati* e in forma.

   _____.

3. Quando piove di continuo da tanti giorni, si è malinconici.

   _____.

4. Se tuona e tira vento forte, si rimane a casa.

   _____.

5. In estate si va spesso al mare.

   _____.

* 在 si 的无人称形式中，如果出现自反动词，应该把无人称代词 si 放在自反代词 si 之前，并且把无人称的 si 变为 ci。

例如：

In Italia ci si sposa sempre più tardi.
在意大利，人们结婚的时间越来越晚。
Ci si trova bene in compagnia.
有人陪伴时，人们总是很高兴。
Con loro non ci si annoia mai.
跟他们待在一起就永远不会感到无聊。

* 在 si 的无人称形式中，如果出现形容词，应该将形容词转变为阳性复数形式。

例如：

Quando si è malati, si è tristi.
当人生病的时候，心情就会不好。
Belli si nasce, ricchi si diventa.
美貌是天生的，金钱是后天努力得来的。

6. Quando non fa né troppo freddo né troppo caldo, si sta bene in quel parco.

　　　　　　　　　　　　　　　　　　　　　　　　　　　　.

7. Quando fa un caldo afoso, ci si sveglia presto la mattina.

　　　　　　　　　　　　　　　　　　　　　　　　　　　　.

8. Se si è dormito bene, di giorno si sta meglio.

　　　　　　　　　　　　　　　　　　　　　　　　　　　　.

9. Fa un freddo cane! Si gela in questa stanza!

　　　　　　　　　　　　　　　　　　　　　　　　　　　　.

10. Aprite le finestre per favore, qui si muore dal caldo!

　　　　　　　　　　　　　　　　　　　　　　　　　　　　.

III. Ascolta la descrizione dei diversi fenomeni atmosferici e scrivi la frase corrispondente che senti dopo ogni situazione.

听录音中描述的不同天气现象，然后把所听到的句子写在相应情境状况下方的横线上。

1. Quando mi sono svegliata stamattina ho guardato il termometro e ho deciso di mettermi sciarpa e guanti.

　　　　　　　　　　　　　　　　　　　　　　　　　　　　

2. Mettiti l'impermeabile! Altrimenti ti bagnerai!

　　　　　　　　　　　　　　　　　　　　　　　　　　　　

3. Su! Prepariamoci tutta l'attrezzatura da sci: scommetto che domani le piste saranno perfette!

　　　　　　　　　　　　　　　　　　　　　　　　　　　　

4. Al posto tuo non uscirei in barca con questo tempo.

　　　　　　　　　　　　　　　　　　　　　　　　　　　　

5. Vai piano che non si vede niente!

　　　　　　　　　　　　　　　　　　　　　　　　　　　　

6. Mamma mia! Non si respira!

　　　　　　　　　　　　　　　　　　　　　　　　　　　　

7. Ti consiglio di metterti un po' di crema altrimenti ti brucerai.

　　　　　　　　　　　　　　　　　　　　　　　　　　　　

8. I fiumi e i laghi sono senza acqua. Cosa si può fare?

9. Che tragedia! Maltempo a Roma e due uomini colpiti!

   _____

10. Chiudi bene le finestre altrimenti sbattono.

    _____

11. Un tempo così non si è mai visto. Ha rovinato tutto il raccolto della famiglia.

    _____

12. Che tristezza! I ciclisti e i pedoni sono costretti a indossare le mascherine per difendersi dall'inquinamento.

    _____

IV. *Ti piace la pioggia?* **Lavorate in coppie, uno dice che tipo di tempo gli piace, non gli piace e perché. L'altro risponde se è d'accordo o no.**

你喜欢下雨吗? 两名同学搭档练习, 一名同学先指出自己喜欢什么样的的天气, 不喜欢什么样的天气, 理由是什么。然后另一名同学说明自己是否同意对方的看法。

la pioggia / la neve / il vento / il caldo / il freddo / la nebbia / il ghiaccio

> Esempio: A me piace la pioggia, perché...
>
> Anche a me. / A me no.

V. **Leggi le seguenti domande e scrivi su un foglio una composizione (circa 80 parole) su uno dei seguenti argomenti.**

从下列问题中选择一个作为题目, 写一篇不少于 80 个单词的短文。

1. Qual è la tua stagione preferita? Perché?

2. In Italia si dice:"Non esistono più le mezze stagioni[1]". Che cosa significa? Sei d'accordo?

3. Sei un tipo meteoropatico? Quanto influisce il tempo sul tuo umore?

---

1 In Italia si dice:"Non esistono più le mezze stagioni". 在意大利, 人们常说 "现在没有春天和秋天了。" 是指现在季节交替特别极端, 很多时候人们感觉一年中只有冬天和夏天, 而春天和秋天显得格外短暂。

VI. Ascolta le seguenti previsioni del tempo e completa la tabella.

听天气预报，完成下面的表格。

	Nord	Centro	Sud
1			
2			
3			

Parte D
Verifica 自我评估

I. Completa le parole.
将下列句子里的单词补充完整。

1. Bisogna fare molta attenzione, le strade sono tutte g__i__ccia__ __!

2. - Com'era il tempo ieri?

   - Bello, è stata una giornata molto s__leg__i__t__.

3. Oggi ci sono 20°, ma le temperature sono in c__ __o. Domani sono previsti 15°.

4. Che freddo cane! Ci sono addirittura __en__ 20°.

5. In montagna sulle Alpi c'è un clima __i__i__o.

6. Mamma mia! Sono tutta bagnata. Piove a d__r__ __to.

7. Come saranno i mari? C__ __mi o poco mossi?

8. Stanotte la temperatura è scesa anche so__ __o lo zero.

9. - Oggi fa davvero freddo!

   - Sì, si __el__!

10. - Uhm, comincia a fare __r__sco…

    - Eh, sì! Ormai l'estate è finita!

II. Ascolta la registrazione e completa le frasi.
听录音，将下列句子补充完整。

1. Se c'è la nebbia, _____.

2. Se fa molto freddo in inverno, _____.

3. Se fa molto caldo in estate, _____.

4. Se il tempo è nuvoloso prima di uscire di casa, _____.

5. Se prevedono freddo e pioggia prima di un viaggio, _____.

6. Se fa bel tempo questo fine settimana, _____.

7. Quando guido su una strada ghiacciata, _____.

8. Se piove e fa molto freddo quando mi sveglio la mattina, _____.

9. Quando arriva una tempesta, _____.

10. Quando vedo un fulmine o sento un tuono, _____.

III. Volgi le frasi dell'esercizio precedente alla forma impersonale SI, come nell'esempio.

按照例句的形式，把上一题中的句子改写为 si 的无人称句。

1. *Se fa una nebbia fitta, si va al lavoro in metropolitana.*

2. _____.

3. _____.

4. _____.

5. _____.

6. _____.

7. _____.

8. _____.

9. _____.

10. _____.

IV. Ascolta la previsione del tempo e scegli l'alternativa corretta. Attenzione: la risposta corretta può essere più di una.

听一段天气预报，选择正确的选项。注意：正确的答案可能多于一个。

1. Il maltempo

   a. sta lasciando[1] l'Italia

   b. sta per arrivare[2] in Italia

   c. ha lasciato l'Italia

   d. pesa sull'Italia da una settimana

2. Le temperature su tutta l'Italia saranno

   a. in deciso aumento

   b. in lieve rialzo

   c. in decisa diminuzione

   d. stabili

3. Sulle Alpi, la temperatura minima sarà

   a. sotto lo zero

   b. sopra lo zero

1　Secondo le ultime previsioni, dovrebbero esserci alcuni miglioramenti a breve sulla città. 根据最新预计，城市的（空气）状况可能将会有所好转。此处，dovrebbero 是情态动词 dovere 的条件式现在时第三人称复数变位，表示对现在或将来可能发生的事情的预计或猜测。

2　stare+per+ 动词原形，表示"正要做某事""即将做某事"。

　　例如：

　　Stavo per uscire quando è suonato il telefono. 电话响的时候我正要出门。

　　Scusa, ma sto per uscire. 抱歉，我正要出门。

　　Stiamo per scendere le scale. 我们正要下楼。

c. di 5 gradi   d. di -3 gradi

4. Sulle Alpi si prevodo

   a. la pioggia   b. la neve

   c. il sole   d. qualche nuvola

5. In Italia centrale il tempo sarà

   a. nuvoloso   b. sereno   c. piovoso   d. caldo

6. Nell'Italia meridionale

   a. farà caldissimo   b. pioverà

   c. la temperatura salirà   d. la temperatura scenderà

7. Secondo le previsioni, sarà una settimana molto

   a. piacevole   b. brutta   c. sgradevole   d. instabile

8. Per la settimana prossima

   a. è prevista la pioggia   b. è esclusa la pioggia

   c. è prevista la neve   d. è previsto brutto tempo

9. I mari saranno molto mossi

   a. al Nord   b. al Centro   c. all'Est   d. al Sud

V. Ascolta il dialogo tra due amiche e scrivi accanto alle risposte vero (V) o falso (F).

听两位朋友之间的对话，判断下列句子是否正确。

1. Antonella e Elisa volevano andare al mare per fare una gita.

                                            (   )

2. Hanno rinunciano[1] alla gita per motivi di lavoro.   (   )

3. Secondo Elisa, sta per nevicare.   (   )

4. Antonella vuole invitare gli amici a cena.   (   )

5. Tuona forte fuori mentre chiacchierano.   (   )

6. Le vacanze di Antonella cominciano mercoledì prossimo.   (   )

7. Elisa consiglia* di andare a sciare a Cortina perché ha un amico

   là.   (   )

---

1 rinunciare（或 rinunziare）意为"放弃，抛弃"，是不及物动词，后面须跟前置词 a + 动词原形或者名词，
    表示"放弃（做）某事"。

    例如：

      Se vuole guarire, Lei deve rinunciare alle sigarette. 如果想痊愈，您得先戒烟。

      Dai! Non rinunciare alla speranza. 加油！别放弃希望！

      Più di dieci anni fa ho rinunciato all'eredità del mio defunto padre. 十几年前，我放弃了继承父亲留下
      的遗产。

8. Le previsioni del tempo dicono che farà bel tempo la settimana prossima. (　　)

9. Antonella consiglia di rimandare la partenza perché è preoccupata per il brutto tempo. (　　)

10. Elisa è d'accordo con lei. (　　)

VI. Ascolta la presentazione del clima in Italia e completa le parti mancanti.

听下面这段关于意大利气候的介绍，然后将短文补充完整。

Il clima in Italia

Il clima italiano è molto vario anche se in generale è abbastanza mite. Come in Cina ci sono quattro _____: la primavera (marzo, aprile, maggio); l'estate (giugno, luglio, agosto); l'autunno (settembre, ottobre, novembre) e l'inverno (dicembre, gennaio, febbraio). Ci sono notevoli differenze _____ dal Nord al Sud. Il Nord che è la parte compresa tra le Alpi e l'Appennino Tosco-Emiliano ha un clima continentale con estati calde e _____ ed inverni freddi. Sulle Alpi, montagne alte sino a quasi 5000 metri le _____ raggiungono anche i 30 gradi sotto zero. Lì sono presenti grandi _____ e perciò si può sciare anche _____. Invece nel Centro, tra la Liguria e la zona di Roma, il clima è _____, e la differenza di temperatura tra estate e inverno è inferiore rispetto al Nord.

Il Mezzogiorno* ha un clima _____ con differenze non molto _____ tra l'estate e l'inverno. Fa caldo in estate e l'inverno è mite e fresco. Nel sud Italia e nelle isole l'inverno non è mai troppo _____ e l'autunno e la primavera hanno temperature vicine a quelle _____ delle altre zone d'Italia. D'estate in alcune parti la temperatura può raggiungere perfino i 35 gradi _____ lo zero. In Italia, il periodo più freddo e piovoso è quello autunnale e invernale, cioè i mesi da ottobre a marzo.

VII. Conosci questi proverbi o modi di dire italiani sul tempo? E nella lingua cinese esistono dei proverbi simili? Discuti con i tuoi compagni.

你了解这些意大利语中与天气相关的谚语或者俗语吗？汉语中是否也存在类似的说法呢？跟你的同学一起讨论一下吧。

Rosso di mattino maltempo vicino

Cielo a pecorelle, pioggia a catinelle!

C'è un tempo da lupi!

C'è un sole che spacca le pietre!

C'è una nebbia che si taglia con il coltello!

Rosso di sera bel tempo si spera!

Progetti futuri
第六单元 未来计划

Unità 6

Difficoltà linguistica: ★★

Contenuti grammaticali: futuro semplice e anteriore, avverbi oggi e domani

Contenuti comunicativi: parlare dei programmi per il futuro, fare previsioni, esprimere probabilità e supposizioni

Contenuti culturali: San Silvestro in Italia

Parte A
Warm Up 热身

I. Conosci queste parole?

你认识这些单词吗？

1. Ascolta la registrazione e scrivi il futuro semplice dei verbi regolari che senti.

听录音，把听到的规则动词的简单将来时形式写出来。

(io)_____ (lui)_____ (voi)_____ (loro)_____ (tu)_____

(noi)_____ (io)_____ (voi)_____ (tu)_____ (loro)_____

2. Ascolta la registrazione e scrivi il futuro semplice dei verbi irregolari che senti.

听录音，把听到的不规则动词的简单将来时形式写出来。

(io)_____ (lui)_____ (voi)_____ (loro)_____ (tu)_____

(noi)_____ (io)_____ (voi)_____ (tu)_____ (loro)_____

II. Impariamo le frasi utili per fare progetti.

我们来学习一些在制订计划时会用到的句子。

1. Riscrivi le frasi con il verbo al plurale (io-noi, tu-voi, lei/lui-loro).

把句子中的动词人称从单数变为复数（我—我们，你—你们，她/他—他们）。

1. Scriverò un'e-mail* a Roby. →

2. Studierà il giapponese il mese prossimo. →

3. Tradurrà questo libro in cinese. →

4. Venderò il mio appartamento. →

5. Rimarrà in silenzio. →

6. Ti divertirai tanto alla festa. →

7. Passerà le vacanze al mare. →

8. Non cambierò idea. →

9. Non ti lascerò più! →

10. Si laureerà in giugno. →

> * 外来词 e-mail 为阴性名词，变复数时词形不变。

2. Riscrivi le frasi che senti usando il futuro semplice + il futuro anteriore, come nell'esempio.

按照例句的形式，用简单将来时 + 先将来时的搭配来改写下面的句子。

> Esempio: Prima andrò al cinema, poi saprò dirti se mi è piaciuto il film.
>
> Dopo che sarò andato al cinema saprò dirti se mi è piaciuto il film.

1. Prima finirò di fare colazione, poi uscirò.

   Quando _____.

2. Prima prenderò la patente, subito dopo farò un viaggio in macchina con due amici.

   Appena _____.

3. Prima preparerò la cena poi tornerò a casa.

   Dopo che _____.

4. Prima Marco guarirà e poi tornerà in ufficio.

   _____ quando _____

5. Prima mi laureerò poi diventerò un insegnante d'italiano.

   Dopo che _____.

3. Abbina le frasi della prima colonna alle frasi della seconda colonna.

正确连接左右两侧的句子。

1. Il professore non è in ufficio.	A. Avrà avuto sessant'anni.
2. Quanti anni aveva in quella foto?	B. Avrà capito di aver sbagliato.[1]
3. Accidenti! Non parte la macchina.	C. Sarà già uscito.
4. Lucia e Gianni non si parlano da giorni.	D. Avranno voluto ringraziarmi.
5. Maria mi ha chiesto scusa.	E. Avranno litigato di nuovo.
6. I miei amici mi hanno fatto un regalo.	F. Si sarà scaricata la batteria.

1- _____;   2- _____;   3- _____;   4- _____;   5- _____;   6- _____

---

1 aver sbagliato 为 sbagliare 的动词不定式过去时，用在不明确人称形式的从句中，表示相对主句行为来说已经完成了的动作。例如：

Spero di aver capito tutte le istruzioni.

我希望自己听懂了所有的指示。

Dopo aver finito di lavorare tornerò a casa.

在工作完之后，我就回家。

Ogni mattina dopo essermi vestita, esco in fretta senza fare colazione.

每天早上穿好衣服之后，我总是来不及吃饭就匆匆忙忙地出门。

Parte B
Comprensione 听力理解

I. Sai riconoscere le diverse funzioni del futuro semplice? Ascolta le frasi e scrivi se il verbo al futuro indica fare progetti, previsioni, ipotesi, promesse. Scrivi solo il numero delle frasi nello spazio adeguato.

你会分辨简单将来时的不同功能吗？听录音，分别指出每句话中的动词将来时是用来做计划、预测、假设还是许诺。你只需要把句子的序号写入相应的空格内。

Fare progetti: _____

Fare previsioni: _____

Fare ipotesi: _____

Fare promesse: _____

II. Riascolta la registrazione dell'esercizio precedente e completa le frasi.

再次听上题中的录音，然后将下面的句子补充完整。

1. Secondo me domani _____.

2. Che ore sono? _____

3. _____, ti giuro.

4. Prometto che _____.

5. Da domani _____.

6. Se _____, non uscirò.

7. Non viene con noi forse _____.

8. _____ la settimana prossima.

9. _____.

10. Parla l'italiano come un italiano. _____.

III. Ascolta i dialoghi e scrivi le risposte che senti.

听对话，写出你听到的回答的部分。

1. ○ Perché compri questi vestitini?

   ▲ _____.

2. ○ Perché metti tutte quelle coperte?

   ▲ _____.

3. ○ Cosa ha visto dalla Sua sfera di cristallo?

   ▲ Vedo un magnifico futuro. _____

   _____.

4. ○ Perché Luna è così nervosa?

   ▲ _____.

5. ○ Perché Rita e Giancarlo sono così contenti?

   ▲ _____.

6. ○ Scusa Enzo, perché sei così felice?

   ▲ _____.

7. ○ Perché i signori Mauri portano* dei vestiti da sera?

   ▲ _____.

* portare 本意为"拿来，带来"，还可表示"穿戴"。

例如：

Mio marito porta scarpe numero 43.

我老公穿 43 码的鞋子。

Porto sempre gonne lunghe.

我总是穿长裙。

Porta un cerotto sulla fronte.

他额头上贴了块胶布。

IV. Ascolta delle descrizioni e scrivile davanti alle ipotesi adeguate. Poi trasforma le ipotesi con il futuro anteriore.

听录音中的描述，把它们分别写在相应的猜测前。然后用先将来时对这些猜测进行改写。

1. _____

   Forse ho bevuto troppo caffè il pomeriggio.

   _____

2. _____

   Probabilmente si è svegliato due minuti fa.

   _____

3. _____

   Probabilmente è uscito.

   _____

4. _____

   Probabilmente ha vinto al lotto.

   _____

5. _____

   Forse si è perso.

   _____

6. _____

Probabilmente ha bevuto troppo alla festa di ieri sera.

_____

7. _____

Deve aver piovuto tutto il giorno.

_____

V. Ascolta la registrazione e scrivi le frasi che senti.
听录音，写出你听到的句子。

1. Francesco e Andrea _____.
2. Io _____.
3. Lui _____.
4. Adrianna _____.
5. Luisa e il suo fidanzato _____.
6. Io _____.

VI. Ascolta i dialoghi e completa le parti mancanti.
听对话，将空缺的部分补充完整。

Dialogo 1

DOMANDA	RISPOSTA
Francesco: Dove andrai?	**Mauro:** _____.
Francesco: Quando partirai?	**Mauro:** _____.
Francesco: Con chi andrai?	**Mauro:** _____.
Francesco: Come ci andrai?	**Mauro:** _____.
Franceso: Per quanti giorni ci rimarrai?	**Mauro:** _____.

Dialogo 2

DOMANDA	RISPOSTA
Fabio: Dove andrete stasera?	**Sandro e Gianni:** _____.
Fabio: Con chi andrete?	**Sandro e Gianni:** _____.
Fabio: Che film daranno?	**Sandro e Gianni:** _____.
Fabio: A che ora comincerà il film?	**Sandro e Gianni:** _____.

Fabio: Quanto durerà il film? **Sandro e Gianni:** _____.

Fabio: Che cosa farete dopo il film? **Sandro e Gianni:** _____.

Dialogo 3

DOMANDA	RISPOSTA
Ilaria: Cosa farai domani mattina?	**Giorgia:** _____.
Ilaria: A che ora arriverà il suo volo?	**Giorgia:** _____.
Ilaria: Con chi ci arriverà?	**Giorgia:** _____.
Ilaria: Che cosa farà qui?	**Giorgia:** _____.
Ilaria: Per quanti giorni si fermerà?	**Giorgia:** _____.

VII. Ascolta il dialogo tra Alice e la sua amica Flora, poi scrivi accanto alle risposte vero (V) o falso (F).

听爱丽丝和朋友芙洛拉之间的对话，判断下列句子是否正确。

1. Per Pasqua Flora andrà da sua sorella che abita in montagna.

( )

2. La scuola chiuderà per dieci giorni per la festa. ( )

3. Alice andrà all'estero con gli amici per Pasqua. ( )

4. Il volo per la Cina durerà dieci ore. ( )

5. Alice e i suoi viaggeranno da soli. ( )

6. Secondo Alice si potranno evitare tanti problemi viaggiando da

soli. ( )

7. Visiteranno cinque città cinesi in una settimana. ( )

8. Alice promette* a Flora di telefonarle subito dopo il suo ritorno.

( )

> * promettere a qualcuno di fare qualcosa 意为"答应（某人）做（某事），向（某人）承诺做（某事）"。
> 例如:
> Promettimi di stare buono. 你们答应我要乖乖听话。
> Ho promesso di aiutarlo. 我答应了会帮他。

VIII. Riascolta il dialogo dell'esercizio precedente e rispondi alle domande seguenti.

再次听上题中的对话，回答下列的问题。

1. Quanti giorni mancano alla festa di Pasqua?

2. Che cosa farà Flora a Pasqua?

3. Perché non hanno scelto un viaggio indipendente?

4. Quali città cinesi visiteranno e per quanto tempo ci rimarranno?

5. Secondo loro quali sono le difficoltà che un turista* straniero incontrerà in Cina?

---

* 意大利语中很多以 -ista 结尾，表示职业、角色的词，单数时词形不变，复数时则分别为 -isti（阳性复数）或者 -iste（阴性复数）。

例如:

il/la turista – i turisti / le turiste 游客

il/la giornalista – i giornalisti / le giornaliste 记者

il/la protagonista – i protagonisti / le protagoniste 主角

il/la tassista – i tassisti / le tassiste 出租车司机

还有些词，虽然不是以 -ista 结尾，也同样遵守相应的单复数变化规则。

il/la collega – i colleghi / le colleghe

Parte C
Capacità Creativa 能力拓展

I. **Cosa sarà successo? Completa le frasi seguenti coniugando i verbi nella lista al futuro semplice o anteriore.**

也许发生什么事情了？把下面方框中的动词变为简单将来时或者先将来时的形式来完成下面的句子。

> vincere al lotto; fare le ore piccole[1]; finire la benzina; non sentire la sveglia; andare a fare la spesa2[2]; litigare con il suo fidanzato; dovere essere sotto il letto; perdere il tuo numero di telefono; sentirsi male; abitare lontano

1. Livia è stanchissima, _____.

2. La macchina non va, _____.

3. Luca urla come un pazzo, _____.

4. Giulia non c'è, _____.

5. Luisa sta piangendo, _____.

6. Roberto è arrivato di nuovo in ritardo, _____.

7. Non riesco a trovare le mie scarpe, _____.

8. Almeno poteva telefonarmi e dire che arrivava in ritardo, _____.

9. Sonia è pallida, _____.

10. Se ne vanno3[3] presto, _____.

---

1 fare le ore piccole 意为 "熬夜，晚睡"。

2 fare la spesa 指的是 "购买食品，买吃喝类的东西"。而 fare spese 指的是一般性的购物，也可以说 fare acquisti, fare shopping。

3 andarsene 意为 "离开，走人"，变位时将 se 和 ne 放在动词前，按照六个人称的顺序分别变位 me ne, te ne, se ne, ce ne, ve ne, se ne。而当其用在复合时态时，助动词为 essere。
例如：
Le vacanze se ne sono andate in un attimo. 假期一下子就过去了。
Ce ne siamo andati appena finito il concerto. 音乐会一结束，我们就离开了。

II. Fa' delle domande secondo le risposte usando il futuro semplice.

针对回答用简单将来时提出问题。

1. _____? (fare)

   Guarderò la partita in diretta.

2. _____? (arrivare)

   Prenderò l'aereo o il treno ad alta velocità.

3. _____? (cominciare)

   Mio figlio comincerà l'asilo il settembre prossimo.

4. _____? (avere)

   Sembra molto giovane. Avrà 40, o al massimo 50 anni.

5. _____? (fare)

   Sabato rimarremo a casa a fare compagnia ai nostri nonni e domenica andremo al mare.

6. _____? (fare)

   Probabilmente domani pioverà, è troppo nuvoloso.

7 _____? (partire)

   Partiremo per la Spagna tra due giorni.

8. _____? (durare)

   Questo film durerà più o meno due ore.

III. Ascolta le frasi e scrivile. Poi indica la funzione del futuro semplice o anteriore.

写出你听到的句子，然后指出每个句子中简单将来时或者先将来时的作用。

1. _____.

   a. un'azione futura   b. incertezza/dubbio/supposizione

2. _____?

   a. un'azione futura   b. incertezza/dubbio/supposizione

3. _____.

   a. un'azione futura   b. incertezza/dubbio/supposizione

4. _____.

   a. un'azione futura   b. incertezza/dubbio/supposizione

5. _____.

   a. un'azione futura   b. incertezza/dubbio/supposizione

6. _____,

    a. un'azione futura   b. incertezza/dubbio/supposizione

7. _____.

    a. un'azione futura   b. incertezza/dubbio/supposizione

8. _____?

    a. un'azione futura   b. incertezza/dubbio/supposizione

9. _____.

    a. un'azione futura   b. incertezza/dubbio/supposizione

10. _____.

    a. un'azione futura   b. incertezza/dubbio/supposizione

IV. Completa il racconto con le indicazioni sotto.

结合提示来完成下面的短文。

1. I figli dei signori Rossi fanno progetti.

    Durante le vacanze estive (loro) _____

    _____

    _____

    (mettere da parte un po' di soldi; partire qualche giorno per l'America; frequentare un corso di architettura; prendere una casa in affitto; leggere molti libri)

2. Gina fa progetti.

    Da domani (lei) _____

    _____

    _____

    (fare una dieta; non mangiare grassi; smettere di fumare; bere molta acqua; andare in palestra; non fare le ore piccole; camminare almeno mezz'ora ogni giorno)

3. Mio marito e io facciamo progetti.

    (Noi) _____

    _____

    _____

    (fare due figli; comprare una casa tutta nostra; aprire un negozio di abbigliamento; guadagnare molti soldi; vivere molto felici)

V. **Lavorate in coppie. Ora prova a fare dei dialoghi con il tuo compagno usando questi suggerimenti.**

搭档练习。按照下面的提示，跟你的一位同学进行对话练习。

- Dove andrai il prossimo fine settimana

- Con chi e con che cosa ci andrai

- L'ora della partenza

- Per quanto tempo rimarrai a…

- Che cosa farà a…

Parte D
Verifica 自我评估

I. Riordina le frasi usando il futuro semplice, come nell'esempio.

按照例句的形式，用简单将来时对下面的句子进行排序。

> Esempio: oggi/Amelia/fare/pomeriggio/cosa
>
> Cosa farà Amelia oggi pomeriggio?

1. i/sicuramente/ragazzi/fame/avere _____

2. solito/Luigi/tardi/arrivare/al/come _____

3. da/ogni/200/mese/parte/mettere/io/euro _____

4. studenti/settimana/esito/esami/l'/la/gli/conoscere/prossima/degli

   _____

5. noi/al/domani/cinema/Chiara/anche/venire/con _____

6. in/forse/meglio/tornare/albergo/essere _____

II. Ascolta il dialogo tra Marco e Gianni e scrivi accanto alle risposte vero (V) o falso (F).

听马可和贾尼之间的对话，判断下列句子是否正确。

1 Gianni passerà le vacanze dai suoi genitori.   ( )

2 Gianni resterà in città perché deve ancora lavorare.   ( )

3 Gianni ha chiesto un prestito dalla banca per comprare la casa.

                                                                         ( )

4 Il figlio di Marco passerà le ferie in Inghilterra con un lavoro come

   insegnante d'inglese.   ( )

5 Gianni è stato a Londra con la moglie tanti anni fa.   ( )

6 Marco ha intenzione di andare in Argentina.   ( )

7 La moglie di Marco desidera passare le vacanze in Spagna.

                                                                         ( )

8 La moglie di Marco sa parlare lo spagnolo.   ( )

III. Riascolta il dialogo dell'esercizio precedente e rispondi alle domande seguenti.

再次听上题中的对话录音，回答下列问题。

1. Perché Gianni deve rinunciare alle vacanze estive questa volta?

   (   )

2. Cosa significa "hai molta carne sul fuoco in questo periodo"?

   (   )

3. Per quale motivo il figlio di Marco andrà in Inghilterra?   (   )

4. Cosa c'è da vedere a Londra secondo Gianni?   (   )

5. Dove vuole andare a passare le ferie Marco? E sua moglie?

   (   )

6. Perché Gianni dice che "secondo me se si vuole riposare, non deve certo andare al mare."?   (   )

IV. Ascolta il dialogo tra Giulia e il suo ragazzo Matteo, completa le parti mancanti.

听茱莉亚和她的男朋友马特奥之间的对话，将下文补充完整。

Giulia e Matteo parlano del _____ per il _____. Matteo chiede a Giulia di fare una _____. Dopo aver cercato sull' _____ decidono di andare al _____.

Dopo il film andranno al _____ Paradiso _____ all' _____ di Matteo. Dice che ci è stato una _____ con dei suoi _____ e hanno mangiato _____.

Per la _____, Matteo _____ di andare allo _____ per la _____ di Coppa Italia. Non si _____ del _____ visto che ha un amico che lavora all' _____.

Matteo è sicuro che alla fine _____ la sua _____ del cuore, la Roma. Invece Giulia _____ il suo invito perché non le per niente il _____. _____ a casa.

V. Ascolta le frasi che descrivono diverse situazioni e scrivile nelle spazio vuoto. Poi per ognuna situazione completa le ipotesi usando il futuro semplice o anteriore.

把录音中描述不同状况的句子写在横线上。然后针对各种状况，把括号内的动词原形转变为简单将来时或者先将来时形式来完成猜测。

1. - Un tuo compagno di classe _____.
   - _____ (ammalarsi)?

2. - Giacomo _____.
   - _____ (finire) il lavoro prima.

3. - Accidenti! _____.
   - _____ (finire) la benzina.

4. - _____ ?!
   - Tutte storie; _____ (avere) sì e no* diecimila euro in banca!

5. - _____!
   - _____ (esserci) almeno un centinaio di persone.

6. - Ho provato a telefonare a Pablo diverse volte, ___ _____!
   - _____ (stare) fuori.

7. - Hai visto Federico? _____.
   - _____ (tornare) dalle vacanze.

8. - Che bella borsa! _____!
   - Hai visto? È di Gucci. _____ (costare) un sacco.

9. - Sei sul treno. _____.
   - Oddio! Dove _____ (essere)?
     Dove _____ (io-metterlo)?

10. - _____ e sorride.
    - _____ (innamorarsi) di me?

* sì e no 意为 "几乎，差不多，勉强地"。
例如:
L'acqua è profonda sì e no un metro.
水深大约有 1 米左右。

VI. Ascolta il dialogo e completa la tabella.
听对话，填写表格。

	Progetti per il futuro
Mauro	
Andrea	
Sergio	
Enrico	

VII. Ascolta il racconto di questa mamma e completa i suoi progetti.
听一位妈妈的讲述，根据你所听到的内容来补全她的计划。

Tesoro mio, ora sei ancora piccolo, ma il tempo vola. Vedrai che fra non molto tempo _____ un ragazzo, poi un uomo adulto... Ti prometto che farò del mio meglio per _____ felice.

Vedo già il tuo futuro... Ovviamente, sarai bello e intelligente come la tua mamma. E _____ sempre il ragazzo più bravo della scuola. Quando _____ 18 anni, _____ un'università all'estero e _____ _____. Poi dopo che _____, _____ un dentista famoso e così _____ tantissimi soldi. Se _____ qualche problema con i denti _____ venire da te, senza pagare un conto _____. _____ una donna bellissima, _____ in una villa, _____ due figli.

Appena _____ in pensione, _____ dei miei nipotini. _____ tutti insieme felici.

7

Vorrei andare...
第七单元　我想去······

Difficoltà linguistica: ★★

Contenuti grammaticali: modo imperativo, particella ci con i
verbi essere e metterci, particella ci
avverbio di luogo

Contenuti comunicativi: localizzare servizi, chiedere e dare
indicazioni di percorso, esprimere
possibilità o necessità

Contenuti culturali: mezzi di trasporto urbani

Parte A
Warm Up 热身

I. Conosci queste parole?
你认识这些单词吗？

1. Scrivi i nomi dei luoghi secondo la descrizione delle frasi seguenti.
根据下列各句的描述，写出相应场所的意大利语名称。

1. Ho molta fame, non mangio da tre giorni. Ho bisogno di trovare subito un _____.

2. Voglio spedire una cartolina ai miei genitori. Devo andare alla _____.

3. Parto per Roma e ci rimango per 3 giorni, devo cercare un _____ per dormire.

4. Ho mal di testa, devo andare in _____ per comprare le medicine.

5. Per prendere il treno si deve andare alla _____.

6. La domenica gli italiani vanno in _____ a pregare.

7. Ho tante cose da comprare: cibi, detersivi, ecc. Voglio andare al _____.

8. È un posto dove si può nuotare: _____.

2. Completa le frasi con le espressioni delle indicazioni di luogo nel riquadro.
给每句话空缺的部分填上相应的介词短语。

1. Il parcheggio è _____ posta.

2. L'ufficio postale è _____ banca.

3. La chiesa è _____ il cinema e il museo.

4. La fermata dell'autobus è _____ il supermercato.

5. Il distributore è _____ la stazione.

6. Il bar è _____ banca.

> di fronte al; accanto alla; davanti alla; sulla sinistra della; fra; dietro

II. Impariamo le frasi utili per indicare e chiedere la strada.

指路时会用到的实用短句。

1. Per chiedere le indicazioni stradali.

问路时可以这么说。

> Esempio: Scusi, mi può dire come si arriva a...?
>
> Mi scusi, sa dov'è...?

1. Richiamare l'attenzione:

_____

2. Chiedere dove si trova una località

_____

3. Chiedere come ci si può arrivare

_____

4. Chiedere quanto tempo ci vuole*

_____

5. Ringraziare

_____

* ci vuole 是 volerci（需要，要）的直
  陈式现在时变位，其主语应为所需要
  的时间、材料，变位时只使用第三人
  称单数或复数的变化。在复合时态中，
  助动词为 essere。

  例如：
  Quanto tempo ci vuole per andare
  da Pechino a Shanghai in aereo?
  从北京到上海坐飞机需要很长时间。
  Per raggiungere la prossima città ci
  vogliono almeno tre ore e mezza.
  要抵达下个城市，至少需要三个半
  小时。
  Ci sono voluti tre anni per scrivere
  quel libro.
  写那本书用了三年的时间。

2. Per indicare la strada.

指路时可以这么说。

> Esempio: È da questa parte / Vai diritto fino al...

1. Dire che non si conosce la strada esprimendo dispiacere

_____

2. Dire al passante che è sulla strada sbagliata

_____

3. Dire il percorso giusto

_____

4. Dare dei consigli su come arrivare in un posto

_____

5. Dire la distanza o dire quanto tempo occorre

_____

Parte B
Comprensione 听力理解

I. Ascolta le frasi e scrivi dove vogliono andare.
听句子，指出问路人的目的地。

1. _____
2. _____
3. _____
4. _____
5. _____
6. _____
7. _____
8. _____

II. Ascolta il dialogo e rispondi alle domande seguenti.
听对话，回答下面的问题。

1. Come si ferma una persona per strada?

   _____

2. Come si risponde con educazione ad un passante che ti chiede la strada?

   _____

3. Come si dice in italiano "una strada molto stretta"?

   _____

4. Qual è il sinonimo di girare?

   _____

5. Che significa la parola "eventualmente"?

   _____

6. Il dialogo è formale o informale?

   _____

III. Ascolta il dialogo tra un autista e un vigile e scegli l'alternativa corretta.

听一位司机与一位交警之间的对话，选择正确的选项。

1. L'autista chiede al vigile se può

   a. girare a sinistra   b. girare a destra

   b. c. andare dritto   d. parcheggiare la macchina

2. Il vigile gli ha detto di no perché

   a. c'è una manifestazione   b. è vietato

   c. c'è traffico   d. ha sbagliato strada

3. Il vigile consiglia al passante di

   a. andare a piedi   b. prendere il taxi

   c. prendere l'autobus   d. cambiare strada

4. Il parcheggio in Piazza Garibaldi è

   a. grande   b. piccolo

   c. pieno   d. a pagamento

5. Quando vede il simbolo della metro deve

   a. andare in fondo   b. girare a sinistra

   c. girare a destra   d. andare indietro

6. Alla rotonda deve girare a sinistra per arrivare in

   a. Via San Silvestro   b. Piazza San Silvestro

   c. Via dei Greci   d. Piazza dei Greci

IV. Ascolta il dialogo e completa le parti mancanti.

听对话，将下文中空缺的部分补充完整。

PER LA STRADA

Piero: Scusi, vorrei un' _____.

Vigile: _____ pure. Cosa vuole sapere?

Piero: _____ _____ dov'è la stazione della _____
più vicina.

Vigile: Certo! _____ per questa strada fino al _____
_____, poi _____ a destra, in Via Gramsci.
_____ prenda la _____ a _____ e poi la
_____ alla _____ _____, Via Garibaldi. La
stazione è proprio _____ al cinema Odeon, _____

della strada.

Piero: È _____ da qui?

Vigile: No, è _____ vicino. Ci vogliono circa dieci minuti a _____, ma se non vuole _____, può prendere _____ numero trenta, in piazza Barberini.

Piero: No, no. _____ _____. Grazie mille.

Vigile: Di niente.

V. Ascolta i dialoghi e completa le parti mancanti.

听对话，将下面空缺的部分补充完整。

1. Cinzia deve scendere al _____ per andare alla _____. Ci vuole circa una _____ per arrivarci se non ci sono _____ nel traffico.

2. In questo dialogo le due ragazze decidono di prendere _____ per andare al _____. Le restano* ancora due _____. E devono scendere alla _____ fermata.

3. Maurizio prende l'autobus No. _____ per andare al _____. Però prima deve recarsi alla Piazza _____ perché la _____ si trova lì. Devono scendere alla _____ fermata, cioè la fermata _____.

4. L'autobus che prende la signora non va all' _____. Deve _____ alla fermata Piazza Navona. Il biglietto vale* _____ minuti.

> * restare 除了表示"停留，逗留"外，还可表示"剩下，剩余"，其主语应为所剩余的时间、东西，人只能作为间接宾语。
>
> 例如:
>
> Ci restano solo pochi giorni prima di partire.
> 离出发只剩几天时间了。
> Restano ottanta chilometri per Roma.
> 离罗马还有 80 公里。
> Mi restano solo dieci euro in tasca.
> 我口袋里只剩下 10 欧元了。

> * valere 表示"有价值，有用，有效"。
>
> 例如:
>
> È una legge che non vale più.
> 这项法律现在已经无效了。
> Il biglietto non vale più, è scaduto.
> 票已经过期无效了。
> Il goal non vale, era fuorigioco.
> 进球无效，是越位球。

VI. Ascolta le parole che sono importanti conoscere per girare in città, e scrivi nella posizione corretta secondo le definizioni seguenti.

你将从录音中听到一些有关认路方面的重要词汇，请把它们写在下面对应定义后面的横线上。

1. Luogo a forma circolare o quadrata, spesso con antichi monumenti. _____

2. Luogo centrale della città con antichi monumenti. _____

3. Punto di incontro di più strade. _____

4. È un segnale luminoso utilizzato soprattutto nella circolazione stradale che serve* a disciplinare il traffico. _____

5. Zona lontana dal centro della città. _____

6. Fonte d'acqua artificiale, in genere costruzione di carattere prevalentemente ornamentale. _____

7. È un sistema di gestione del traffico dove viene accettata* solo una direzione del senso di marcia. _____

8. Strada cittadina ampia e spesso con alberi. _____

9. Strada piccola e stretta. _____

10. Grande strada cittadina. _____

* servire a fare qualcosa 表示"用来（做）……"。
例如：
Questo tasto serve ad azionare la macchina.
这个按键是用来发动机器的。
Questa chiave serve per aprire il cassetto.
这把钥匙是用来打开那个抽屉的。
Le letture servono per arricchire lo spirito.
读书可以丰富人的精神世界。

* viene accettata 是 venire+ 过去分词构成的被动语态，这种被动语态只能用于简单时态当中。

VII. Ascolta il dialogo e rispondi alle domande seguenti.

听对话，回答下面的问题。

1. Perché Alice non può accompagnare Giuseppina a Piacenza domani?

2. Con la macchina di chi Giuseppina vuole andare a Piacenza?

3. Perché Giuseppina non vuole prendere il pullman?

4. Quanto tempo ci vuole per arrivarci?

5. Perché secondo Alice ci vorrà più tempo del previsto per raggiungere Piacenza?

Parte C
Capacità Creativa 能力拓展

I. Ascolta i verbi e mettili nella posizione corretta. E poi volgili all'imperativo alla seconda persona singolare.

听动词，将它们填在合适的位置。然后将这些词组转变为命令式第二人称单数的形式。

1. _____ il semaforo   →
2. _____ dal tram   →
3. _____ a sinistra   →
4. _____ la precedenza   →
5. _____ a piedi   →
6. _____ le leggi   →
7. _____ la strada   →
8. _____ sull'autobus   →
9. _____ la metropolitana →
10. _____ fino all'incrocio →

II. Trasforma i verbi nella tabella dall'indicativo all'imperativo.

将下面表格中的动词从直陈式转变为命令式。

INDICATIVO	IMPERATIVO
(Tu) lo compri	
(Tu) li guardi	
(Tu) gli dici	
(Tu) lo fai	
(Voi) ci andate	
(Voi) vi fermate	
(Lei) mi ascolta	
(Lei) lo beve	

INDICATIVO	IMPERATIVO
(Lei) le paga	
(Tu) non gli telefoni	
(Lei) non la mangia	
(Tu) non ti preoccupi	

III. Ascolta le frasi e scrivile. Poi trasformale all'imperativo come nell'esempio.

听写句子，然后按照例句的形式将其改写为命令式。

1. Quando arrivate al semaforo, dovete girare subito a destra.

   Quando arrivate al semaforo, girate subito a destra _____.

2. _____.
   _____.

3. _____.
   _____.

4. _____.
   _____.

5. _____.
   _____.

6. _____.
   _____.

7. _____.
   _____.

8. _____.
   _____.

9. _____.
   _____.

10. _____.
    _____.

IV. Completa con il verbo *andare* o *venire*.

用 andare 或者 venire 的正确形式填空。

1. Cecilia, _____ con me al cinema stasera?

2. _____ con noi in vacanza o _____ con la tua famiglia?

3. Dottore, _____ un attimo nel mio uffico, per favore!

4. Non mi _____ di fare una passeggiata adesso, sono troppo stanco.

5. Qual è la strada più corta per _____ alla farmacia?

V. Completa con il verbo *volerci* o *metterci**.
用 volerci 或者 metterci 填空。

* metterci 意为"花，用（时间等）"。
与 volere 不同，其主语应该是完成该动作的人（或机构）。

例如：

Ci ho messo tre ore per pulire tutta la casa. 我花了三个小时才把家里打扫完。

Quanto tempo ci metti per arrivare da casa tua al centro? 你从家到市中心需要多长时间？

1. Di solito Laura _____ pochi minuti ad andare in ufficio a piedi.

2. Quanti minuti _____ per andare a piedi all'università?

3. Non _____ molto per arrivare a casa mia dalla stazione.

4. Per fare questo lavoro (io) _____ tutta la mia pazienza.

5. - Possiamo fare tutto oggi?

   - Purtroppo, no, signora. _____ anche la firma del preside.

6. Sull'autostrada c'era un traffico terribile e (io) _____ quasi tre ore per arrivare all'aeroporto.

VI. Giuseppe sta cercando una farmacia e chiede indicazioni di percorso a un passante. Completa il dialogo.
朱塞佩正在找一家药店，他向一位行人询问正确的路线。完成对话。

Giuseppe:_____?

Passante: Si, certo, dica pure. Cosa vuole sapere?

Giuseppe:_____?

Passante: Dunque... mi faccia pensare... Ah, sì, ecco, ce n'è una in Piazza Garibaldi.

Giuseppe: _____?

Passante: No no, è abbastanza vicino. Stia tranquillo, ci può arrivare in venti mimuti a piedi.

Giuseppe: _____?

Passante: Vada sempre dritto fino all'incrocio. Poi giri a sinistra. La farmacia è nella seconda via a destra, vicino alla posta e di fronte alla profumeria.

Giuseppe: Sono stanco di camminare con questo caldo. _____ _____?

Passante: Con il 45, credo.

Giuseppe: _____?

Passante: Guarda, è laggiù, vicino all'edicola.

Giuseppe: _____?

Passante: Alla terza fermata.

Giuseppe: _____.

Passante: Di nulla. Buona giornata!

VII. Lavorate in coppie. Scegli fra le tre situazioni seguenti.
搭档练习。从下面三个中进行选择。

Situazione 1

Studente A fa il turista   Studente B fa il passante

A decide di prendere l'autobus e comprare il biglietto, ma non sa dove si può comprare

B indica la posizione della tabaccheria dove si vende il biglietto

A chiede quanto tempo si impiega

B gli risponde

Situazione 2

Studente A fa il passeggero sull'autobus   Studente B fa l'autista

A chiede se l'autobus va in un posto specificato

B risponde di sì

A chiede quanto tempo si impiega

B gli risponde

A chiede all'autista di indicare la fermata giusta

Situazione 3

Studente A fa il passante   Studente B fa il tabaccaio

A chiede una pizzeria buona e economica

B dice il nome di una pizzeria

A chiede come ci si arriva

B dice il percorso corretto

A chiede quanto tempo si impiega

B consiglia di prendere l'autobus e indica la posizione della
   fermata e a quale fermata si scende

Parte D
Verifica 自我评估

I. Scegli l'alternativa corretta.

选择正确的选项。

1. a. Per andare in piazza Spagna, passa dalla stazione.

   b. Per andare in piazza Spagna, passa da stazione.

   c. Per andare in piazza Spagna, passa in stazione.

2. a. Per andare a centro devi voltare a sinistra.

   b. Per andare in centro devi voltare a sinistra.

   c. Per andare al centro devi voltare a sinistra.

3. a. Vada sempre dritto e poi gira a destra.

   b. Vada sempre dritto e poi giri a destra.

   c. Vada sempre dritto e poi gira in destra.

4. a. Per andare in Via della Spiga bisogna tornare dietro.

   b. Per andare in Via della Spiga bisogna tornare avanti

   c. Per andare in Via della Spiga bisogna tornare indietro.

5. a. Cammina dalle strisce pedonali.

   b. Cammina a strisce pedonali.

   c. Cammina sulle strisce pedonali.

6. a. Qui è vietato parcheggiare.

   b. Qui è vietato di parcheggiare.

   c. Qui è vietato per parcheggiare.

7. a. Continui da questa strada e giri a destra tra 50 metri circa.

   b. Continui a questa strada e giri a destra tra 50 metri circa.

   c. Continui su questa strada e giri a destra tra 50 metri circa.

8. a. Con il rosso non ci passa.

   b. Con il rosso non lo passiamo.

   c. Con il rosso non si può passare.

9. a. Per andare al museo archeologico nazionale, gira a destra e
   vai dritto.

b. Per andare al museo archeologico nazionale, girare per destra e vai dritto.

c. Per andare al museo archeologico nazionale, giri a destra e vai dritto.

10. a. Da qui deve lasciare la piazza per le Sue spalle e andare verso nord.

b. Da qui deve lasciare la piazza sulle Sue spalle e andare verso nord.

c. Da qui deve lasciare la piazza alle Sue spalle e andare verso nord.

II. Completa le frasi con le preposizioni adatte.
给下面的句子填上合适的介词。

1. _____ dove sei? Sono _____ Palermo.

2. Dove abiti? Abito _____ Via Francia.

3. Lì puoi continuare _____ piedi.

4. Dov'è la gelateria? È _____ la farmacia e la tabaccheria.

5. Può andarci _____ l'autobus 45.

6. Non è molto distante _____ qui.

7. Sono stanco _____ camminare _____ questo caldo.

8. Vada dritto _____ questa via.

9. _____ andare _____ Duomo, scenda _____ quarta fermata, signora.

10. Se vuole arrivare _____ tempo, prenda un taxi.

III. Ascolta i dialoghi e scrivi accanto alle risposte vero (V) o falso (F).
听对话，判断下列句子是否正确。

Dialogo 1

1. È praticamente a due passi da qui.   (   )

2. La seconda via che incontrerà è Via Farnese.   (   )

3. Dopo, prenda la seconda strada a sinistra.   (   )

4. Lì, si trova la piazza davanti!   (   )

5. Ho detto la terza a sinistra e poi la seconda a destra.   (   )

Dialogo 2

1. Sto cercando il Museo Naturale.   (   )

2. Ti sei proprio perso.   (   )

3. Se vai in autobus, saranno... quattro o cinque fermate.   (   )

4. Vai sempre dritto per milleduecento metri.   (   )

5. A sinistra vedi un palazzo enorme, quello è il museo.   (   )

6. Il museo si trova a destra della piazza.   (   )

IV. Ascolta i dialoghi e completa le parti mancanti.

听对话，将下文中空缺的部分补充完整。

Dialogo 1

Irina vuole andare alla _____ _____, però non sa quale _____ deve prendere. Alla _____ chiede ad un _____ che sta _____ l'autobus come lei.

Quel signore le _____ che quell'autobus in _____ va in centro e lei, invece, deve prendere il _____ che non passa da dove si trovano i due protagonisti. La fermata più vicina si trova in _____ IV Settembre. Non è molto _____. Ci _____ circa dieci _____ a _____ . Deve _____ avanti per quella strada fino al _____ _____. E poi deve _____ a destra su un grande _____. Circa a _____ della strada c'è un _____ molto stretto. E in fondo si trova la piazza. Alla fine Irina _____ il signore e loro si _____.

Dialogo 2

Cesare è un turista appena arrivato a Roma. Vuole trovare un _____. Chiede ad un signore, purtroppo anche lui è _____ di qui. Poi Cesare chiede ad un altro passante e gli consiglia un albergo _____ all' _____ la _____. All'inizio Cesare si preoccupa per la _____. Quel signore gli dice che è _____. Deve prima arrivare in quella piazza con una _____ in fondo alla strada. Dopo la piazza si vede un _____. Bisogna _____ e girare a _____ alla prima _____. Poi _____ quella strada in fondo. Quando arriva al _____, gira a _____. Continua _____ per circa _____ metri. Lì vedrà un _____ molto antico e di _____ c'è l'hotel.

V. Prendere l'autobus. Ascolta i dialoghi e scrivi sotto le immagini seguenti il numero del dialogo.

乘坐公交车。听对话，在图片下面的横线上标上相应对话的序号。

_____

_____

_____

_____

_____

VI. Rispondi liberamente alle seguenti domande.

自由回答下面的问题。

1. Per fare un giro nel centro dell città di solito preferisci usare la macchina, l'autobus oppure andare a piedi?

2. Nella tua città il biglietto si compra prima di salire sull'autobus? Se no, come si fa?

3. Nella tua città c'è la metropolitana? Preferisci la metro o l'autobus?

4. Nella tua città i biglietti dell'autobus o della metro sono cari?

5. Quando sei appena arrivato in una città nuova, e non sai che strada devi prendere, preferisci chiedere ad un passante o guardare la piantina?

VII. Ascolta il testo e completa le parti mancanti.

听短文，然后将下文中空缺的部分补充完整。

I mezzi di trasporto in Italia

I mezzi più usati per _____ in città sono gli autobus e i _____. Nelle grandi città, come Milano, Roma, Napoli e Torino, si può prendere anche la "metro", cioè la _____. È possibile comprare il biglietto in _____, in_____, o al bar e con un biglietto usare più di un _____. Di solito i_____ dell'autobus e del tram devono _____ il biglietto all' _____della _____, mentre le _____ per la _____ del biglietto della metro si trovano _____ le stazioni. Spesso, però, visto che i mezzi _____ arrivano in ritardo e sono molto _____ , molti italiani preferiscono usare la macchina. Quindi, in molte grandi città italiane il _____ è un problema _____ e il _____ di _____ è tanto alto. Ed è anche quasi impossibile _____ in città.

Per fortuna, quando la stagione lo _____, sempre più persone, in _____ i giovani usano lo _____ o la _____ per andare a scuola, all'università e al lavoro. Oltre a essere più _____ dell'auto, _____ di _____ più _____ nel traffico _____. Infine, c'è anche il taxi, un mezzo _____più _____.

Dal medico
第八单元　看病

Difficoltà linguistica: ★ ★ ★

Contenuti grammaticali: condizionale semplice

Contenuti comunicativi: chiedere e descrivere un malessere e acquistare un medicinale, ripassa degli avverbi di quantità, esprimere un consiglio o un'opinione personale

Contenuti culturali: come smettere di fumare

Parte A
Warm Up 热身

I. Conosci queste parole?
你认识这些单词吗？

1. Scrivi i nomi del corpo secondo la descrizione, come nell'esempio.
按照例句的形式，根据描述写出相应的身体部位。

1. Li usi per correre: *piedi*_____
2. Li usi per ascoltare la musica: _____
3. Li usi per vedere il film: _____
4. Li usi per mangiare: _____
5. Lo usi per respirare: _____
6. La parte che permette* al braccio di piegarsi:
   _____
7. La parte che permette alla gamba di piegarsi:
   _____
8. La parte che permette al piede di piegarsi:
   _____
9. Ce ne sono cinque in ogni mano: _____

> * permettere (a qualcuno) qualcosa 或者 permettere (a qualcuno) di fare (qualcosa)，意为"允许（某人）（做）某事"。
> 例如:
> I suoi genitori non gli permettono di uscire tardi la sera. 他的父母不允许他晚上太晚出去。
> Chi ti ha permesso di entrare? 谁让你进来的？
> Permette una parola? 能让我说句话吗？

2. Completa le frasi seguenti con le parole nei riquadro.
用方框内的单词将下列句子补充完整。

> chirurgico - gli animali domestici - i bambini -
> gli occhi - malattie più comuni - denti

1. Il pediatra è il medico che cura _____.
2. Il dentista è il medico che cura la salute dei
   _____.
3. Il medico di base si occupa delle _____ e

assiste il malato gratuitamente.

4. L'oculista è il medico che cura _____ e corregge i difetti della vista.

5. Il _____ è il medico che opera i pazienti in ospedale.

6. Il veterinario è il medico che cura _____ .

II. Impariamo le frasi utili fra il paziente e il medico.
我们来学一些在医生和病人之间经常用到的实用短句。

1. Cosa dice il medico ai suoi pazienti? Completa le frasi con il condizionale, come nell'esempio.
医生会跟病人说些什么？按照例句的形式，用条件式来回答问题。

1. - Dottore, come posso dimagrire velocemente? (fare movimento, mangiare poco)

   - *Al posto* Suo, farei movimento e mangerei poco.*

2. - Non sento bene dall'orecchio destro. (mettere delle gocce)

   - Al posto Suo, _____.

3. - Dottore, ho il colesterolo un po' alto. (non mangiare troppi grassi, evitare i dolci)

   - Al posto Suo, _____.

4. - Ho una brutta bruciatura sul braccio sinistro. (usare una pomata specifica)

   - Al posto Suo, _____.

5. - Dottore, tossisco ogni tanto e la gola mi fa male. (prendere* questi antibiotici e non fumare)

   - Al posto Suo, _____.

6. - Mi fanno male i denti. (non mangiare troppe caramelle e lavarsi i denti prima di andare a letto)

   - Al posto Suo, _____.

7. - Dottore, da due settimane non riesco a dormire

* al posto + 物主形容词，意为"如果我是……的话"，常用在向别人提出自己的建议时，后面通常要使用条件式。
例如：
Cosa faresti al posto mio?
如果你是我的话会怎么做？
Io, al posto Suo, lavorerei meno.
如果我是您的话，我会减少一些工作。
Io al posto tuo, smetterei di fumare e andrei dal medico.
如果我是你的话，我会戒烟，并且去医院看病。

* prendere 本意为"拿，取"，在实际运用中，它的用法非常广泛和灵活。
跟食物、饮料搭配，表示"吃，喝"。
例如：
Vuoi prendere un caffè? 你想喝杯咖啡吗？
Prendi due pastiglie tre volte al giorno. 你每天吃三次这种药，每次两片。
跟交通工具、电梯搭配，表示"乘坐"，例如：
Prendo l'autobus per tornare a casa.
我乘坐公交车回家。
Prendi l'ascensore fino al piano terra. 你坐电梯到一楼。
跟人搭配，表示"接……"，例如：
Vengo a prenderti stasera. 我今晚去接你。
跟某种疾病搭配，表示"得了……（病）"，例如：
Quest'anno ho preso tre volte l'influenza. 今年我得了三次流感。

bene la notte. (rilassarsi e non bere troppi caffè)

- Al posto Suo, _____.

2. *Cosa c'è che non va?* In coppia guardate le figure e create dei brevi dialoghi come nell'esempio.

你什么地方不舒服？按照例句的形式，根据图片的提示，两两搭档进行对话练习。

Esempio:

A: Cosa c'è che non va?

B: Mi fa male la testa.

A: Dovresti smettere di lavorare e prendere un'aspirina.

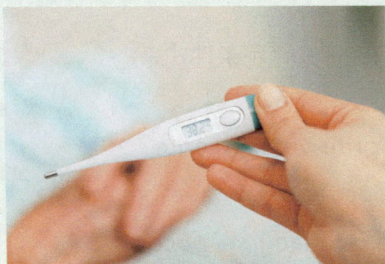

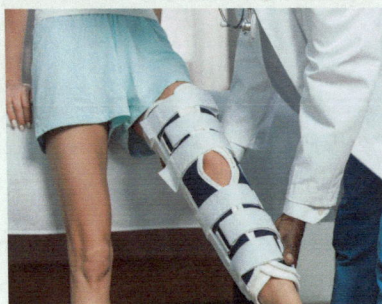

Parte B
Comprensione 听力理解

I. Ascolta i messaggi telefonici e completa la tabella.
听电话留言，完成下面的表格。

	Nome	Sintomi	Numero di telefono o indirizzo
1			
2			
3			
4			

II. Ascolta i dialoghi e scrivi i loro disturbi e le terapie adatte.
听对话，写出他们所患的疾病以及相应的治疗方法。

	Disturbi	Terapie
Dialogo 1		
Dialogo 2		
Dialogo 3		
Dialogo 4		

III. Ascolta il dialogo e completa le parti mancanti.
听对话，将下文中空缺的部分补充完整。

Monica: Ciao, come stai?

Olivia: Bene, grazie, e tu?

Monica: Io sto bene, ma a casa c'è mio marito con _____. Gli _____ la testa e si sente molto _____.

Olivia: Mi dispiace... Purtroppo in inverno la prendono quasi tutti...

Monica: Sì, i mali di _____ sono _____.

Olivia: Dovresti fare attenzione anche tu: l'influenza quest'anno è molto _____.

Monica: Beh, io cerco di _____ lontano: dormo nella camera di mia figlia. Mio marito si lamenta continuamente per i dolori _____ e per la febbre. A dire la verità, preferirei prendere la malattia io...

* 此处 servire 做不及物动词，意为"对……需要，对……有用"。

例如：

Mi serve un dizionario.

我需要一本字典。

I soldi mi servono per fare un viaggio.

我需要钱来进行一次旅行。

Questa chiave serve ad aprire il cancello.

这把钥匙是用来开栅栏的门的。

Olivia: Infatti, gli uomini sono decisamente più _____ delle donne. Ha _____ la temperatura?

Monica: Finora il _____ non è mai sceso sotto i trentotto gradi e ha forte mal di gola. Fa anche molta _____ a mangiare.

Olivia: Devi dirgli di mangiare: più è debole più tempo servirà* per _____ . A proposito, lui è _____?

Monica: Sì sì, fuma ogni tanto.

Olivia: Allora _____ dirgli di non fumare almeno nei prossimi giorni. Inoltre dovrebbe _____ la _____ se esce di casa, e cercare di rimanere al _____.

Monica: Hai _____, infatti ora vado a preparargli un po' di _____ caldo. Ciao, ci vediamo presto.

Olivia: Ciao, e tanti auguri a Marco!

IV. Ascolta il dialogo e segna con una crocetta (×) la frase vera.

听对话，在正确的句子后面打 ×。

1. Il cognome del dottore è Vistone. ( )

2. Il signor Rossi non si sente bene. ( )

3. Va dal medico perché ha un forte mal di testa. ( )

4. Ora ha anche la febbre. ( )

5. Secondo il dottore il signor Rossi ha preso l'influenza. ( )

6. Secondo il dottore, il signor Rossi non dovrebbe mangiare pesante. ( )

7. Non deve prendere gli antibiotici. ( )

8. Deve prendere le pastiglie due volte al giorno. ( )

9. Il signor Pistone può comprare le medicine direttamente dal medico. ( )

10. Bisogna avere una ricetta scritta* dal medico per comprare le medicine.   (   )

V. Ascolta il dialogo e rispondi alle domande seguenti.

听对话，回答下面的问题。

1. Perché la signora fa questa telefonata al dottore?
2. Perché lei e suo marito preferiscono il mare invece della montagna?
3. In quale momento della giornata i bambini piccoli possono stare al sole?
4. Perché si devono lavare i bambini dopo il bagno in mare?
5. Perché il medico dice "Prevenire è meglio che curare"?

VI. Ascolta il dialogo tra un medico e una paziente. Poi, completa qui sotto la "scheda medica" della paziente. Metti una crocetta (×) accanto alle informazioni vere.

听医生和病人之间的对话。然后填写下面这张"医疗卡"。
在正确的信息后打 ×。

SCHEDA MEDICA

Informazioni sul (la) paziente	Metti qui la crocetta
1. Fumatore/Fumatrice	
2. Fa uso di bevande alcoliche	
3. Pratica uno sport	
4. Cammina molto	
5. Va in bicicletta	
6. È stata in ospedale	
7. Ha fra i 40 e i 50 anni	

*   Bisogna avere una ricetta scritta dal medico per comprare le medicine, "必须要有医生开的处方才能买药", scritta 是动词 scrivere 的过去分词，此处做形容词，来修饰 ricetta，其性数必须要与所修饰的名词保持一致，后面可以由 da 引导出动作的发出者。

例如：

Ripassate le lezioni studiate in questo semestre.
你们复习一下这学期学过的课。

Si cercano ragazzi diplomati per lavoro part-time.
寻找毕业生来做兼职。

* soffrire di + 疾病，意
  为 "患有某种疾病"。
  例如：
  soffrire di cuore 患心
  脏病
  soffrire di depressione
  患抑郁症

8. Ha fra i 30 e i 40 anni	
9. Ha avuto la febbre da poco tempo	
10. Prende spesso medicine	
11. Non fa regolarmente i tre pasti	
12. Soffre di insonnia*	

VII. Una paziente, la signora Daniela Scotti, sta parlando con un medico dei suoi problemi di salute. Ascolta la conversazione e scrivi le quattro parti del corpo che vengono nominate.

患者达涅拉·斯科蒂女士，正在跟医生谈论健康问题。听对话，写出他们交谈中提到的四个身体部位的名称。

_____ _____ _____ _____

VIII. Riascolta la registrazione dell'esercizio precedente e completa il testo seguente.

再次听上题中的对话，将下文补充完整。

La signora viene _____ medico perché non si _____ bene da un _____. Ha tanto _____ e mal di _____. Prova il dolore soprattutto _____ di mangiare, a stomaco _____. Il medico le chiede la sua _____ di mangiare. E la signora dice che non mangia molto _____, però spesso mangia _____. Lei fa la _____ di un'azienda.

Il lavoro è abbastanza _____ perché ha sempre delle _____ da _____. Oltre al mal di stomaco _____, ha un pessimo _____ in _____, mal di _____ e mal di _____ fortissimo. Perciò la signora è molto _____.

Secondo il medico non è niente di _____. I suoi _____ sono tipici dello _____. Le consiglia di _____ un po' e andare a fare delle _____ se il dolore _____.

Parte C
Capacità Creativa 能力拓展

I. Riordina le battute del dialogo.
将下面的对话按照正确顺序排列起来。

1. *Buongiorno, dottore.* [1]

2. Sempre, non riesco a camminare. [ ]

3. C'è qualcosa che non va? [ ]

4. Da alcuni giorni mi fa male la gamba destra. [ ]

5. Buongiorno, signore. Come va? [ ]

6. Beh, non molto bene, dottore. [ ]

7. Non la posso muovere perché ho un dolore pazzesco. Mi sono fatto
   male giocando a calcio, forse è uno stiramento. [ ]

8. Si sdrai sul lettino, così posso controllare la Sua gamba. [ ]

9. Le fa male sempre o solo qualche volta? [ ]

10. È molto grave, dottore? [ ]

11. Non saprei. Per essere più sicuro occorre fare degli esami. [ ]

II. Collega ogni frase della prima parte con una frase della seconda parte.
把上、下两部分的句子连接起来，组成完整的一句话。

1. Deve mettere il collirio e proteggere gli occhi

2. Deve prendere una bustina per l'acidità di stomaco

3. Deve prendere un'aspirina

4. Deve rilassarsi bene

5. Deve evitare i cibi grassi e gli alcolici

6. Deve far abbassare la febbre

7. Deve ripetere la medicazione

8. Deve fare le analisi* del sangue e un'ecografia

A. per la colite

B. quando Le viene il mal di testa

C. seguendo una dieta equilibrata, con tanta frutta e verdura

D. sciogliendola in acqua.

E. prendendo un antipiretico.

F. bevendo una tisana calmante.

G. evitando le lenti a contatto.

H. cambiando ogni due giorni la benda.

> * l'/le analisi 为词尾不可变的阴性名词，只能通过冠词来区分其单复数。类似的词还有 la/le crisi（危机），la/le tesi（论文）等。

Dal medico 133

1- _____; 2 - _____; 3- _____; 4- _____; 5- _____; 6- _____; 7- _____; 8- _____

III. *Non sto bene.* Ascolta la registrazione e completa. Poi indica qual è il rimedio giusto secondo te?

我身体不舒服。听录音，将句子补充完整。然后指出下面所给出的选项中哪个是你认为正确的治疗方法。

1. Carolina è _____ e ha _____ forte la testa sul pavimento:

   a. dovrebbe restare in piedi per qualche minuto

   b. dovrebbe sdraiarsi e dormire un po'

   c. dovrebbe prendere un'aspirina

   d. dovrebbe andare al pronto soccorso per una visita

2. Ho mangiato troppo e ho fatto _____. Ora ho anche un mal di _____:

   a. dovrestri prendere un po' d'acqua calda con il limone e mangiare leggero

   b. dovresti andare a dormire un po'

   c. dovresti mangiare di più

   d. dovresti stare fermo

3. Lucio sembra molto _____. Gli _____ la testa e si sente_____:

   a. dovrebbe smettere di fumare

   b. dovrebbe stare a dieta per qualche giorno

   c. dovrebbe mettersi disteso sul divano con le gambe alzate e prendere dello zucchero

   d. dovrebbe applicare del ghiaccio sulla testa

4. Non posso _____ la _____. Mi sono fatto male giocando a calcio. Probabilmente si tratta di uno _____.

   a. dovresti tenere la gamba alzata per evitare il gonfiore

   b. dovresti sdraiarti e dormire un po'

   c. dovresti ricominciare subito a camminare e a correre

   d. dovresti mettere quella pomata

5. Mio padre ha la _____ e una forte _____:

   a. dovrebbe mangiare di più

   b. dovrebbe dormire di più

c. dovrebbe mettere una pomata

d. dovrebbe evitare cibi grassi, alcolici e smettere di fumare

IV. Cosa faresti al posto suo? Dà dei suggerimenti usando l'espressione "al posto di…".

如果你是他的话会怎么做? 使用 "al posto di..." 的短语给出你的建议。

1. Pino ha mal di testa. (prendere un'aspirina)

   _____

   _____.

2. La tua amica perde spesso l'autobus. (alzarsi più presto)

   _____

   _____.

3. Giorgia e Teresa sono ingrassate molto. (fare più esercizi fisici)

   _____

   _____.

4. Marco ha problemi di grammatica in italiano. (studiare di più)

   _____

   _____.

5. Tossisco da un paio di mesi. (smettere di fumare e andare dal medico)

   _____

   _____.

V. Ascolta i consigli per smettere di fumare e segna con una crocetta (×) tutte le affermazioni corrette.

听录音中针对戒烟提出的一些建议，在正确的句子后面打 × 。

1. È meglio cominciare a smettere di fumare di nascosto.   (   )
2. Dovresti eliminare tutte le sigarette e gli accendini.   (   )
3. Dovresti mangiare molta carne.   (   )
4. Dovresti fare regolarmente esercizi fisici.   (   )
5. Dovresti mangiare molta verdura e bere molta acqua.   (   )
6. Dovresti andare dal medico e fare un controllo.   (   )
7. Quando ti viene voglia di fumare, è meglio aspettare 5 minuti e poi potresti fumare.   (   )

8. Dovresti essere orgoglioso di te stesso quando raggiungi il tuo

   scopo fissato per ogni giorno. ( )

9. Dovresti risparmiare i soldi. ( )

10. Potresti andare al cinema o in piscina quando vuoi fumare.

    ( )

VI. Lavorate in coppie. A turno uno è il medico e l'altro il paziente.

搭档练习。两人合作，一名同学扮演医生，另一名同学扮演病人进行对话。

SITUAZIONE A

Paziente: ti sei scottata mentre stiravi. Chiedi cosa fare.

SITUAZIONE A

Medico: chiedi cosa ha fatto subito dopo essersi ferita. Prescrivi una pomata.

SITUAZIONE B

Paziente: hai una tosse fortissima e mal di gola. Hai questo problema da più di una settimana.

SITUAZIONE B

Medico: Chiedi se è un fumatore e prescrivi uno sciroppo calmante e uno spray per la gola.

SITUAZIONE C

Paziente: hai passato tre notti in bianco.

SITUAZIONE C

Medico: chiedi il motivo e digli di prendere una tisana rilassante e fare un bagno caldo prima di dormire.

SITUAZIONE D

Paziente: hai terribili dolori e non riesci a mangiare niente.

SITUAZIONE D

Medico: individua il punto preciso dove gli fa male e chiedi quando sono cominciati questi disturbi, poi prescrivi la medicina (dicendogli[1] di prenderne una bustina dopo ogni pasto per quattro giorni).

VII. Sei in forma? Hai qualche chilo di troppo? In coppia datevi qualche consiglio per mantenervi in forma.

身材还好吗？体重超标了吗？跟你的同学搭档进行对话练习，互相给一些保持身材的建议。

---

1 dicendogli 为 dire 的副动词 dicendo+ 间接宾语代词 gli。副动词与代词连用时，应把代词挂在副动词的词尾，变成一个词。

例如：

Preparandoci insieme per l'esame, siamo diventati amici.

在准备考试的过程中，我们成了朋友。

Avendogli detto tutto, mi sentivo meglio.

在把一切告诉他之后，我感觉好一些了。

Parte D
Verifica 自我评估

I. Ascolta i dialoghi e indica gli oggetti che sono nominati.

听对话，指出在三段对话中提到过的药品。

(   ) pomata   (   ) sciroppo   (   ) pillole   (   ) spray

(   ) collirio   (   ) siringa   (   ) flebo   (   ) cerotto

II. Ascolta i dialoghi e completa la tabella con le informazioni richieste.

听对话，填写下面的表格。

Dialogo	Sintomi	Consiglio
1		
2		
3		
4		
5		

III. Ascolta il dialogo e scrivi accanto alle risposte vero (V) o falso (F).

听对话，判断下列句子是否正确。

1. Giulia e Zhang si incontrano in ospedale.   (   )

2. Zhang ha una tosse fortissima.   (   )

3. Il padre di Zhang ha mal di testa.   (   )

4. Il padre di Zhang non fuma mai.   (   )

5. Al padre di Zhang fanno tante analisi del sangue.   (   )

6. Secondo Zhang, questo ospedale è troppo affollato.   (   )

7. Giulia subirà un intervento chirurgico la settimana prossima.   (   )

8. Non sarà un intervento diffcile.   (   )

9. Giulia non è preoccupata perché si fida del medico.   (   )

10. Giulia dovrà stare in ospedale ancora per almeno una settimana dopo l'intervento.   (   )

IV. Riascolta ancora il dialogo e scegli l'alternativa corretta.

再次听上一题中的对话，选择正确的选项。

1. Il padre di Zhang non si sente bene da un mese:

   a. perché ha una tosse fortissima.

   b. perché ha smesso di fumare.

   c. perché ha preso l'influenza.

   d. perché ha mal di testa.

2. Il dottor Alfonso Mattei gli ha detto:

   a. di stare a casa a letto

   b. di rimanere nell'ospedale

   c. di smettere di fumare

   d. di prendere qualche medicina

3. In ospedale al padre di Zhang:

   a. hanno fatto la radiografia

   b. hanno dato molte medicine

   c. hanno fatto molte analisi

   d. hanno fatto un'operazione

4. L'ospedale è

   a. bene organizzato e pulito

   b. mal organizzato e sporco

   c. non molto frequentato

   d. lontano

5. Giulia subirà un'operazione

   a. mica* difficile

   b. tra due settimane

   c. per curare la malattia ai polmoni

   d. la settimana prossima

> *   mica 常用在否定句中，起到强调作用，表示"一点也不"。
> 例如：
> Mica male questo film.
> 这部电影还行。
> Non costa mica molto.
> 这个一点也不贵。

V. La signora Bianchi sta parlando con il suo medico. Ascolta la conversazione e fai gli esercizi seguenti.

比安奇女士正在跟她的医生交谈。听对话，完成下面的练习。

1. **Completa la scheda con i dati corretti.**

   在下表中填入正确的信息。

Nome e Cognome	Renata Bianchi
Età	
Altezza	
Peso	

2. **Riascolta la registrazione e scrivi NO accanto ai cibi proibiti e SI accanto ai cibi permessi dal medico.**

   再次听这段对话，在医生禁止的食物后面写上 NO，在医生允许的食物后面写上 SI。

   pane _____   pasta _____   cereali _____   carne _____

   pesce _____   verdura _____   yogurt _____   vino _____

   burro _____   latte intero _____

VI. **Ascolta il dialogo tra una signora e un dentista e completa le parti mancanti.**

   听一位女士和一位牙医之间的对话，将对话中空缺的部分补充完整。

   Signora: Buongiorno, dottore. _____. Mi fa un
             male terribile. Sono due notti che non dormo. Non ne posso più.

   Dentista: Vediamo subito, apra la bocca. Mi faccia vedere... _____
             _____?

   Signora: È questo qui, dottore,

   Dentista: Vedo... Sì... _____.

   Signora: È molto grave? _____?

   Dentista: No no, prima di tutto _____ nella
             stanza accanto. (Pochi minuti dopo)

   Dentista: Ecco, guardi, _____, però _____
             _____. Dovrò usare il trapano.

   Signora: Dottore, ho paura...

   Dentista: Su, coraggio, ora apra bene la bocca. Così... così va bene.
             Non muova la testa... Ecco fatto... _____
             _____. Ritorni fra una settimana.

VII. Scegli un compagno in classe e dialoga con lui/lei utilizzando le domande seguenti.

从班里选择一位同学，依据下面这些问题来做对话练习。

1. Che cosa fai quando non ti senti bene?

2. Che cosa fai nel tempo libero per mantenerti in forma e prevenire le malattie?

3. Per essere ricevuto dal medico si deve aspettare molto?

4. Quando devi andare all'ospedale per fare degli accertamenti, hai paura?

5. Quando devi seguire* una terapia, come ti comporti? Segui scrupolosamente le indicazioni del medico?

6. I tuoi genitori hanno l'abitudine di fare un check up ogni anno?

> * seguire 本意为"跟随"，也可作"遵从，遵守"之意，后面还可跟"课程或者电视广播"，表示"上（课）；看/听/关注（节目）"。
>
> 例如:
>
> È necessario seguire scrupolosamente le prescrizioni del medico.
> 必须要仔细地遵从医嘱。
>
> Qual è il programma televisivo che seguite con maggior interesse?
> 你们最关注的电视节目是哪个？
>
> Non ho mai seguito un corso di inglese.
> 我从来没有上过英语课程。

VIII. Scrivi un SMS al tuo professore, spiegandogli che stai male e che non puoi andare a lezione.

给你的老师发一个短信，向他解释你身体不舒服，需要请假。

9

Penso che sia...

第九单元　我觉得······

Difficoltà linguistica: ★ ★ ★

Contenuti grammaticali: congiuntivo presente e passato

Contenuti comunicativi: esprimere le proprie opinioni

Contenuti culturali: inquinamento ambientale

Parte A
Warm Up 热身

I. Scrivi le coniugazioni dei verbi al congiuntivo presente, poi ascolta la registrazione per verificare.

写出下面动词的虚拟式现在时的变位，然后听录音，检查自己的答案是否正确。

lavorare _____

leggere _____

scrivere _____

finire _____

essere _____

avere _____

andare _____

venire _____

sapere _____

dare _____

stare _____

tradurre _____

II. Leggi le frasi e scegli quella giusta con una crocetta (×).

读下面的句子，在正确的句子后打 ×。

1. Penso che lavorate in fabbrica. (   )
2. Penso che lavoriate in fabbrica. (   )

3. Credo che loro partano presto. (   )
4. Credo che loro partino presto. (   )

5. Spero che finiscano di lavorare stasera. (   )
6. Spero che finiscono di lavorare stasera. (   )

7. Immagino che tu abbia tante cose da fare. (   )
8. Immagino che tu abbi tante cose da fare. (   )

9. Lei non vuole che io vada al concerto. (   )

10. Lei non vuole che io andrei al concerto. (   )

III. Ascolta le frasi e prova a completare le parti mancanti.

听录音，将句子中空缺的部分补充完整。

1. Penso che Livio _____ il lavoro alle sette.

2. Penso che Roberto _____ dai nonni ieri sera.

3. Credo che la professoressa_____ il modo congiuntivo.

4. Credo che mio padre _____ a fare una passeggiata.

5. Immagino che Riccardo _____ in ritardo anche ieri sera.

6. Immagino che Sara _____ per l'Italia.

7. Spero che voi non _____ tanti errori.

8. Spero che tu _____ bene quest'esame.

9. Ho paura che lui _____ troppo ieri sera.

10. Ho paura che noi non _____ bene il condizionale.

Parte B
Comprensione 听力理解

I. **Ascolta i dialoghi e scrivi negli spazi vuoti i verbi mancanti.**

听下面的对话，把缺少的动词填在空白处。

1. A - Secondo te, Luigi ha questa rivista?

   B - Penso che _____ questa rivista.

2. A - Secondo me, Carlo ha ragione!

   B - Credo anch'io che _____ proprio ragione.

3. A - Secondo me, i bambini hanno sonno.

   B - Credo anch'io che i bambini _____ sonno.

4. A - Secondo me, Giulia ha fame!

   B - Credo anch'io che Giulia _____ fame.

5. A - Secondo me, le tue amiche hanno paura.

   B - Credo anch'io che le mie amiche _____ paura.

6. A - Secondo me, i ragazzi hanno molto da fare.

   B - Credo anch'io che i ragazzi _____ molto da fare.

7. A - Secondo me, Fabio non ha tanto tempo da perdere.

   B - Credo anch'io che Fabio non _____ tanto tempo da perdere.

8. A - Secondo me, Gianna e Mirco non hanno abbastanza soldi.

   B - Credo anch'io che Gianna e Mirco non _____ abbastanza soldi.

II. **Ascolta i dialoghi e scrivi negli spazi vuoti i verbi mancanti.**

听下面的对话，把缺少的动词填在空白处。

1. A - Secondo me, Paola è molto stanca.

   B - Anch'io penso che Paola _____ molto stanca.

2. A - Secondo me, Pino e Sara sono al mare.

   B - Anch'io penso che Pino e Sara _____ al mare.

3. A - Secondo me, Franco è molto fortunato.

   B - Anch'io penso che Franco _____ molto fortunato.

4. A - Secondo me, i tuoi genitori sono arrabbiati.

   B - Anch'io penso che i miei genitori _____ arrabbiati.

5. A - Secondo me, Anna è molto felice qui.

   B - Anch'io penso che Anna _____ felice qui.

6. A - Secondo me, i tuoi amici sono stufi di aspettare.

   B - Anch'io penso che i miei amici _____ stufi di aspettare.

7. A - Secondo me i signori Rossi sono in vacanza.

   B - Anch'io penso che i signori Rossi _____ in vacanza.

8. A - Secondo me, questa è una buona macchina.

   B - Anch'io penso che questa _____ una buona macchina.

III. Ascolta i dialoghi e completa le parti mancanti.
听对话，将下文中空缺的部分补充完整。

1. ■ Che ne dite* di questa giacca?

   ☆ Penso che _____.

   ◇ Ho l'impressione che _____.

   △ Mi pare che _____.

2. ■ Dov'è la signora Metti?

   ☆ È probabile che _____.

   ◇ Può darsi che _____.

   △ È possibile che _____.

3. ■ Sapete che Mario e Diana si trasferiscono?

   ☆ È un peccato che _____.

   ◇ Speriamo che _____.

   △ È meglio che _____.

4. ■ Non ho mai pagato una bolletta della luce così alta!!!

   ☆ Ragazzi, bisogna che _____.

   ◇ Silvia, non voglio che _____.

   △ È necessario che _____.

* che ne dite di questa giacca? 意为
  "你觉得这件上衣怎么样？" dire 经
  常与小品词 ne 连用，表示征求别人
  意见，询问别人对某事某物的看法。
  例如：
  - Che ne dici di un caffè?
  - Sì, a quest'ora un caffè ci vuole proprio.
  - 来杯咖啡怎么样？
  - 好，这会儿确实需要一杯咖啡。
  Che ne dite di fare una passeggiata
  al parco?
  去公园散步你们觉得怎么样？

IV. Ascolta la registrazione e scrivi nella tabella le opinioni di Marco e Stella.

听录音，把马可和斯戴拉的观点填在表格里。

	Opinioni di Marco	Opinioni di Stella
vietato fumare		
vacanza		
Previsioni del tempo		
mensa		

V. Ascolta la registrazione e completa le parti mancanti con le congiunzioni.

听录音，用连词填空。

1. A - Perché apri la finestra? Mi sembra freddo...

   B - Oggi ho fumato molto, i miei genitori soprattutto mia madre non vogliono, cambio l'aria della camera _____ tornino i miei dal lavoro!

2. A - Vieni a cena da noi stasera?

   B - Ci vengo volentieri, _____ non ci sia Dino, tu sai bene che tutto è finito tra di noi e non lo voglio più vedere.

3. A - Andiamo all'Isola del Nord a mangiare una bella pizza?

   B - Volentieri, _____ paghi tu, io purtroppo sono già al verde alla fine del mese.

4. A - Non uscire stasera, perché fuori fa ancora freddo e tu sei ancora raffreddata.

   B - No, non posso stare a casa stasera, devo assolutamente uscire, _____ faccia molto freddo e stia ancora male, sai che è importante per Tiziano se ci sono io alla sua festa.

5. A - Oggi devi stare a casa per curare il bambino!

   B - Oggi, no, _____ la baby-sitter non ci sia, devo andare in ufficio, oggi rientra il nostro direttore dalla Cina e sicuramente abbiamo una riunione, telefono all'agenzia e cerchiamo una baby-sitter per oggi.

6. A - Devo andare a Tokyo la prossima settimana!

   B - Ah, allora quella tua amica giapponese che ha studiato con te a Firenze può ospitarti a casa sua.

   A - Lei, no, non penso che mi possa ospitare a casa sua, lei abita ancora insieme ai genitori, ma io le telefono _____ mi prenoti una camera di un albergo vicino a lei.

7. A - Che cosa stai facendo*?

   B - Sto scrivendo un'e-mail a Fiona _____ lei sappia come va il mio lavoro.

8. A - Perché ancora non torni a casa?

   B - Non ho ancora finito i preparativi per la riunione con il reparto marketing.

   A - Ma oggi è venerdì, il fine-settimana, poi adesso sono già le nove.

   B - Devo continuare a lavorare _____ sia molto tardi.

VI. Marco e Anna non vanno mai d'accordo! Ascolta la registrazione e completa la tabella con le opinioni di Marco e Anna.

马可和安娜总是意见不一致！听录音，在表格中分别填入两人的观点。

	Marco	Anna
1. Marta si è iscritta in medicina.		
2. Marta ha trovato un nuovo lavoro.		
3. Marta si è messa insieme con Giuseppe.		

	Marco	Anna
4. Marta ha comprato una nuova macchina.		
5. Marta è andata in Cina per fare un viaggio.		
6. Marta ha superato l'esame di letteratura.		

Parte C
Capacità Creativa 能力拓展

I. Ascolta l'intervista e rispondi alle seguenti domande.
听采访，回答下面的问题。

1. Come si chiama questa signora? È sposata?
2. Che lavoro fa lei? Le piace il suo lavoro?
3. A che ora si alza la mattina e a che ora torna a casa dal lavoro?
4. Qual è la difficoltà più grande nel lavoro per lei?
5. Ha qualche richiesta al pubblico?
6. Tu faresti un lavoro come il suo?

II. Ascolta i dialoghi e completa le parti mancanti.
听对话，并填空。

1. A - Perché Marco non è venuto alla festa di Dino ieri sera?

   B - Beh, penso che _____.

   C - Può anche darsi, ma io credo che _____
   _____.

2. A - Secondo te, Marco è andato a Milano per cercare un bel lavoro?

   B - Beh, penso che _____.

3. A - Sai che ieri mentre Dino dormiva, è entrato in casa un ladro dalla finestra!

   B - Davvero? Ma lui non si è svegliato? Incredibile!

   A - Eh no! È possibile che _____!

4. A - Ma è vero che Maria ha lasciato Marco e si è messa con Dino?

   B - Sì, proprio così! Penso che _____.

III. Ascolta i dialoghi e scegli l'alternativa corretta.
听对话，选择正确的选项。

1. Cecilia che cosa vuole per il suo compleanno? (   )

   A. una festa a casa   B. le pizzette   C. bibite

2. Il professore deve spiegare che cosa agli studenti? (   )

   A. L'imperfetto   B. il congiuntivo   C. il condizionale

3. Indica l'affermazione giusta. (   )

   A. Giuseppe non parte più per la Francia.

   B. Giuseppe ha la fidanzata a Parigi.

   C. Giuseppe non sa parlare la lingua francese.

4. Indica l'affermazione giusta. (   )

   A. Pietro vuole un robot.

   B. Pietro vuole un iPad.

   C. Pietro preferisce un iPad a un robot.

5. Chi ha messo i giocattoli per terra? (   )

   A. Giulia   B. Marco   C. Lego

6. Che cosa ha preparato Dino? (   )

   A. peperoni   B. penne all'arrabbiata   C. agnello

IV. Scrivi le frasi che senti.

写出你听到的句子。

1. _____.

2. _____.

3. _____.

4. _____.

5. _____.

6. _____.

V. Ora rispondi alle domande dell'esercizio IV usando il modo congiuntivo.

现在运用虚拟式来口头回答第四题中的问题。

1. _____.

2. _____.

3. _____.

4. _____.

5. _____.

6. _____.

Parte D
Verifica 自我评估

I. **Ascolta la registrazione e completa le frasi con le tue parole.**

听录音，用自己的话完成句子。

1. (   ) _____.

2. (   ) _____.

3. (   ) _____.

4. (   ) _____.

5. (   ) _____.

6. (   ) _____.

II. **Se ci fosse un negozio chiamata "le mogli ideali". Ascolta il dialogo e completa le parti mancanti.**

如果有一家叫"理想太太"的商店。听对话，将下面对话中空缺的部分补充完整。

Commessa: Buongiorno signore.

Cliente: Buongiorno.

Commessa: 1. _____?

Cliente: Io cerco una moglie.

Commessa: Ha qualche 2. _____?

Cliente: Be', voglio una moglie 3. _____!

Commessa: Guardi, queste sono la nostra. 4. _____
_____. Sono tutte belle e dolci!

Cliente: Ma non c'è una con i capelli neri e 5. _____
_____?

Commessa: Ah! Lei sta parlando di una donna 6. _____
_____?

Cliente: Sì, sì, sì! Possibilmente una giapponese, si dice che le
mogli giapponesi 7. _____, no?

Commessa: Esatto, e credo che 8. _____ ai mariti

del mondo!

Cliente: Certo, è tanto bello che 9. _____
a casa! Quella che avevo prima, 10. _____
_____, 11. _____, sembrava
che si arrabbiasse[1] ogni minuto e volesse[2] comandarmi
sempre, certe volte non capivo più se fosse[3] una moglie o
un capo!

Commessa: Ma le donne giapponesi non hanno questi vizi,
12. _____
_____.

Cliente: Allora, voglio una moglie giapponese, costa molto?

Commessa: 13. _____, però penso che 14.
_____!

Cliente: Mi è venuto un dubbio adesso, ma con una moglie
giapponese come possiamo comunicare?

Commessa: 15. _____, 16. _____,
la donna parla anche italiano. È importante che parliate
la stessa lingua, no? Allora, Guardi, il modello base viene
6.000 euro. Per la lingua italiana sono altri 200… 6.200
prezzo di partenza. Ma con i saldi al 30%… le viene solo
4.340! Più le spese di spedizione… ma sono solo 50 euro.
Dobbiamo anche ritirare la moglie vecchia?

Cliente: No, quella l'ho già cacciata fuori casa tempo fa, non ne

---

1 si arrabbiasse 意为"他 / 她生气"，是动词 arrabbiarsi 虚拟式未完成过去时第三人称单数的变位。当句
子中的主句是过去时，并且表示主观推测、假设或表达自身观点时，从句使用虚拟式未完成过去时表示从
句动作与主句动作的同时性。
例如：
　Ieri sera pensavo che fosse a casa, quindi sono andata a casa sua a trovarlo.
　昨天晚上我觉得他应该在家，于是我就上他家去找他了。
　Ho incontrato un ragazzo nell'ufficio del direttore, credevo che lui fosse Marco.
　我在主任办公室碰见一个小伙子，我觉得他就是 Marco。
2 volesse 意为"他 / 她想"，是动词 volere 虚拟式未完成过去时第三人称单数的变位。
3 fosse 意为"他 / 她是"，是动词 essere 虚拟式未完成过去时第三人称单数的变位。

potevo più[1], 17. _____!

Commessa: Allora in tutto sono 4.390 euro. 18. _____
_____?

Cliente: Be', mi pare ragionevole. Ma… Posso cambiarla se non
è così tanto dolce e brava?

Commessa: Certo signore, non è un problema. 19. _____
_____!

Cliente: Va bene. La prendo. Credo che 20. _____
_____, no?

III. Ascolta la registrazione e decidi se le diverse frasi di Marta esprimono accordo, disaccordo o dubbio.

听录音，指出玛尔塔的话表达的是同意、不同意还是怀疑的意义。

1. A. accordo   B. disaccordo   C. dubbio
2. A. accordo   B. disaccordo   C. dubbio
3. A. accordo   B. disaccordo   C. dubbio
4. A. accordo   B. disaccordo   C. dubbio
5. A. accordo   B. disaccordo   C. dubbio
6. A. accordo   B. disaccordo   C. dubbio

IV. Leggi le affermazioni qui sotto, sei d'accordo? Facci sentire le tue opinioni, cerca di usare il modo congiuntivo!

读下面的句子，你同意这些说法吗？说说你的观点吧，请尽量使用虚拟
式哦！

1. Pechino è la città più rumorosa in Cina.

2. I giovani di oggi sono più intelligenti, ma sono anche più pigri.

---

1   non ne potevo più 意为"那段日子我再也受不了了。"这是一个固定搭配，也可以用现在时。
    例如：
      Devo uscire a respirare un po' d'aria fresca, non posso sempre stare dentro casa, non ne posso più.
      我得出去呼吸呼吸新鲜空气，我不能总是呆在家里，我受不了了。
      In quel periodo doveva lavorare sempre più di dieci ore al giorno, non ne poteva più.
      那段时间他每天都得工作十几个小时，他简直不能忍受。

3. I cinesi non devono festeggiare le feste occidentali, tipo Natale, Pasqua, ecc.

4. Oggi con la nuova tecnologia, la gente trova tante informazioni su Internet, non c'è più bisogno di pubblicare libri cartacei.

5. Se non frequenti una buona scuola media, non puoi avere l'occasione di scegliere una buona università.

6. Solo andando in America si può studiare bene, perché là ci sono le più belle biblioteche del mondo.

V. Ora l'inquinamento ambientale è diventato un problema sempre più grave in tutto il mondo, per migliorare la situazione cosa si deve fare secondo te? Scrivi un tema per esprimere le tue opinioni.

现在环境污染是全球越来越严重的突出问题，你觉得要想改善污染状况得做些什么？写一篇文章来说明你的观点吧。

Unità 10

Credevo che fosse...
第十单元 那时我认为……

Difficoltà linguistica: ★ ★ ★

Contenuti grammaticali: congiuntivo imperfetto e trapassato, periodo ipotetico

Contenuti comunicativi: esprimere un desiderio

Contenuti culturali: città italiane

Parte A
Warm Up 热身

I. Scrivi le coniugazioni dei verbi al congiuntivo imperfetto, poi ascolta la registrazione per verificare.

写出下面动词的虚拟式未完成过去时的变位，然后听录音，检查自己的答案是否正确。

fare _____

dare _____

stare _____

bere _____

essere _____

avere _____

andare _____

dire _____

sapere _____

tradurre _____

II. Leggi le frasi e segna quella giusta con una crocetta (×).

读下面的句子，在正确的句子后打 ×。

1. Credeva che voi abbiate ragione. (   )
2. Credeva che voi aveste ragione. (   )

3. Pensavo che Paolo vada dal dottore. (   )
4. Pensavo che Paolo andasse dal dottore. (   )

5. Spero che Anna e Giulio si sposino subito. (   )
6. Speravo che Anna e Giulio si sposassero subito. (   )

7. Speravo che Anna e Giulio si sarebbe sposati subito. (   )
8. Pensavo che piovesse a quell'ora. (   )

9. Pensavo che fosse piovuto la notte prima. (   )
10. Pensavo che aveste già finito questo compito. (   )

III. Ascolta la registrazione e collega le frasi secondo l'esempio.

听录音，按照例子连接句子。

1. Se fossi andato alla festa di Paolo, ( ) ora parleremmo molto bene italiano.

2. Se nevica, ( ) andrei a teatro.

3. Se avessi tanti soldi, ( ) mangerei tutto questo arrosto.

4. Se non avessi mal di stomaco, ( ) potrò andare a fare la spesa al centro.

5. Se avessimo studiato con impegno, (1) ti saresti divertito di sicuro.

( ) prenderebbe l'aereo.

6. Se ieri fossi venuto a casa mia, ( ) non possiamo andare in montagna.

7. Se tu hai finito i compiti, ( ) avresti mangiato la pizza fatta da mia nonna.

8. Se avrò tempo,

9. Se non avesse paura, ( ) girerei il mondo.

10. Se potessi trovare una baby-sitter, ( ) puoi guardare i cartoni animati.

Parte B
Comprensione 听力理解

I. Ascolta la registrazione e scrivi la frase secondo l'esempio, poi ascolta ancora la registrazione per verificare la tua risposta.

听录音，按照例子写出句子，然后听录音，检查自己的答案是否正确。

Esempio: Penso che Marco non stia molto bene.

Pensavo che Marco non stesse molto bene.

1. _____.
2. _____.
3. _____.
4. _____.
5. _____.
6. _____.
7. _____.
8. _____.
9. _____.
10. _____.

II. Ascolta la registrazione e scrivi la frase secondo l'esempio, poi ascolta ancora per verificare la tua risposta.

听录音，按照例子写出句子，然后再次听录音，检查自己的答案是否正确。

Esempio: Penso che Marco abbia già mangiato.

Pensavo che Marco avesse già mangiato.

1. _____.
2. _____.
3. _____.

4. _____.

5. _____.

6. _____.

7. _____.

8. _____.

9. _____.

10. _____.

III. Ascolta il dialogo e scrivi accanto alle risposte vero (V) o falso (F).

听下列对话，判断下列句子是否正确。

1. Marco è andato a Roma. (　　)

2. Marco si è iscritto alla facoltà di medicina. (　　)

3. Marco non è riuscito a trovare casa a Chieti. (　　)

4. Marco è contento per la sua università. (　　)

5. Marco ha dovuto pagare il mutuo* per la
   nuova casa. (　　)

6. Chieti è una città proprio sul mare. (　　)

7. Marco ha una zia a Pescara, una città vicina
   a Chieti. (　　)

8. Marco diventerà un dentista dopo la
   laurea. (　　)

> * pagare il mutuo 意为 "还贷款，付按揭"。
>
> 例如：
>
> Franco ha appena comprato la casa, adesso deve pagare il mutuo. Franco 刚买了房子，现在他得付按揭。
>
> Non è possibile avere un mutuo senza un garante. 在没有担保的情况下，是不可能获得按揭贷款的。

IV. Ascolta i dialoghi e scegli l'alternativa corretta.

听录音，选择正确的选项。

1. Dove si trova Marco? (　　)

   A. Roma　　　　B. Parigi　　　　C. Pechino

2. Perché Robert parla bene italiano? (　　)

   A. perché è italiano.

   B. perché ha studiato in Italia.

   C. sua madre è italiana.

3. Perché Mario è arrabbiato con la moglie? (　　)

   A. perché non gli piace la bistecca.

   B. perché il suo invitato non mangia carne.

   C. perché la moglie ha fatto troppa verdura.

4. A che ora ha cominciato a piovere? (　　)

　　A. verso le tre di notte

　　B. verso le tre di pomeriggio

　　C. la mattina presto

5. Quale affermazione è giusta? (　　)

　　A. Sara è venuta a casa di Teresa per prendere un libro.

　　B. Sara è venuta a casa di Teresa per portarle un libro.

　　C. Teresa torna presto dal supermercato.

6. Perché Marta è arrabbiata? (　　)

　　A. perché Carlo non le ha fatto compagnia.

　　B. perché Carlo non le ha telefonato.

　　C. perché Carlo non ha risposto al suo messaggio.

V. Marco e Anna hanno sempre idee diverse! Ascolta la registrazione e completa la tabella.

马可和安娜经常有不同意见！听录音填写下表。

Perché Stella è arrivata in ritardo alla festa di ieri?	Marco	
	Anna	
Dove sono andati Dino e Clara per il viaggio di nozze?	Marco	
	Anna	
I bambini che cosa hanno fatto?	Marco	
	Anna	
Giulia ha avuto un maschio o una femmina?	Marco	
	Anna	
Chi ha regalato a Stella questo mazzo di rose?	Marco	
	Anna	
Quale squadra ha vinto il mondiale nel 2006?	Marco	
	Anna	

Parte C
Capacità Creativa 能力拓展

I. Ascolta il dialogo e rispondi alle domande seguenti.

听对话，回答问题。

1. Dove si sono trasferiti? Prima dove abitavano?

2. Giulia è contenta per la nuova casa? Perché?

3. Lucio è soddisfatto per questa scelta? Perché?

4. Secondo Giulia com'è la zona? E secondo Lucio?

5. Ai bambini piacciono gli animali?

6. Continuano ad abitare qui o pensano di cambiare casa?

II. Ascolta i dialoghi tra Marta e Franco e completa le parti mancanti.

听玛尔塔和弗兰克之间的对话，将下列句子中的空缺的部分补充完整。

1. Marta: Pronto, Franco! C'è il sole da voi.

   Franco:_____! Piove a dirotto[1]!

2. Marta: Franco, senti, il mare è pulito da voi?

   Franco:_____! È tutto inquinato adesso.

3. Marta: Franco, l'aria è pulita da voi?

   Franco:_____! C'è sempre smog, soprattutto
   in inverno, domani targhe alterne[2] di nuovo!

4. Marta: Franco, le case costano poco da voi?

   Franco: _____! Io, per esempio, con il mio
   stipendio mensile pago solo un metro quadrato!

---

1 piove a dirotto 意为"雨下得特别大"。
   例如：
   　　Adesso non possiamo uscire proprio, piove a dirotto.
   　　我们现在不能出去，外面大雨倾盆。

2 targhe alterne 意为"限号出行"，targhe 是指"车牌"，alterne 的意思是"交替的，交换的"。
   例如：
   　　Domani ci saranno targhe alterne di nuovo perché l'inquinamento è troppo grave.
   　　明天限号出行了，因为污染太严重。
   　　Smog, ancora targhe alterne a Roma: oggi ferme le pari.
   　　雾霾天气，罗马继续限行。今日双号禁行。

5. Marta: Franco, Dino è tornato?

   Franco: _____! Ogni sabato sera torna sempre dopo le due di notte!

6. Marta: Franco, tua nonna è guarita*?

   Franco: _____! È ancora in ospedale, e il medico ha detto che sarebbe potuta tornare a casa la prossima settimana!

7. Marta: Franco, Alberto ti ha detto la verità?

   Franco: _____! Tu lo conosci bene, lui dice sempre bugie, questa volta la stessa cosa, ha detto che aveva dimenticato il mio numero di telefono. Ma com'è possibile?!

8. Marta: Franco, hai comprato quella casa in campagna?

   Franco: _____! Costava troppo! Poi ho pensato che fosse troppo lontano dal lavoro, beh, certo, la questione principale è sempre soldi!

> * è guarita 意为"病好了,痊愈了"。
> guarire 在这里是个不及物动词,使用复合时态时,用 essere 做助动词
> 例如:
> Con la cura di questo bravo medico, la nonna è guarita subito.
> 在这位医术高明的医生的照顾下,奶奶很快就痊愈了。
> È appena guarito dall'influenza.
> 他的流感刚好。
> Ancora non sono perfettamente guarita.
> 我的病还没有彻底好。
> guarire 还可做及物动词,意为"治愈,治好",助动词为 avere。
> 例如:
> I medici le hanno guarito l'infezione alla gamba.
> 医生们治好了她腿上的感染。
> Il medico mi ha guarito dall'insonnia.
> 医生治好了我的失眠问题。

III. Ascolta la registrazione e scrivi la frase secondo l'esempio.

听录音,写句子。

1. _____.
2. _____.
3. _____.
4. _____.
5. _____.
6. _____.
7. _____.
8. _____.

IV. Ascolta i dialoghi e scrivi accanto alle risposte vero (V) o falso (F).

听录音,判断下列句子是否正确。

1. Lucio ha studiato molto bene ed è pronto per l'esame. (   )

2. Giuseppe ha già smesso di fumare. ( )

3. A Sara è piaciuto molto il nuovo film di ZhangYimou. ( )

4. Giuseppina non voleva andare in Cina, ma Orlando sì. ( )

5. I bambini sono andati a letto presto e si sono addormentati subito. ( )

6. Barbara si è laureata in lingue, ora è una professoressa d'italiano all'Università degli Studi Internazionali di Xi'an. ( )

7. Francesca è una traduttrice molto brava, ha tradotto molte opere dall'italiano in cinese. ( )

8. È nata la seconda figlia di Claudia a Perugia il 28 dicembre. ( )

V. Ascolta la prima parte e completa le frasi usando il congiuntivo.

听句子，然后用虚拟式续写。

1. _____.

2. _____.

3. _____.

4. _____.

5. _____.

6. _____.

7. _____.

8. _____.

VI. Ascolta la registrazione e completa le frasi.

听录音，将空缺的部分补充完整。

1. Se il direttore mi aumenta lo stipendio, _____

_____.

2. Se hai finito i compiti, _____

_____.

3. Se vuoi mangiare un gelato, _____

_____.

4. Se potessi scegliere, _____

_____.

5. Se mi telefonasse Lucia, _____

_____.

6. Se mio nonno venisse da noi, _____

   _____.

7. Se fossi Claudia, _____

   _____.

8. Se avessi studiato con più impegno, _____

   _____.

9. Se fossi venuta al cinema con noi, _____

   _____.

10. Se non avessi mangiato così tante arance, _____

   _____.

Parte D
Verifica 自我评估

I. Ascolta la registrazione e completa le frasi con le tue parole.
听录音，用自己的话完成句子。

1. Appena ho incontrato Lucia, ho subito pensato che _____
_____.

2. Quando ho visto Franco per la prima volta, pensavo che _____
_____.

3. Quando il professor Rossi ha fatto la prima lezione con noi, non
immaginavo che _____
_____.

4. Prima di arrivare in Italia, credevo che _____
_____.

5. Avevo sentito dire che gli italiani sono un po' pigri, non hanno
tanta voglia di lavorare, immaginavo proprio che _____
_____.

6. Mi hanno detto che gli italiani mangiano sempre la pizza, non
potevo immaginare che _____
_____.

II. *Città italiane.* **Tina è arrivata a Firenze la settimana
scorsa, ascolta la sua impressione verso questa città e
completa le parti mancanti. Poi fai gli esercizi orali con
le parole date secondo il modello di Tina.**
意大利的城市。蒂娜上周到了佛罗伦萨，听一下她对这座城市的印象，
用听到的词语填空。然后按照蒂娜的说法用给出的单词完成口语练习。

Tina dice:
    Appena sono arrivata a Firenze, ho avuto l'impressione che
    _____, che _____, che
    non _____, che non _____,
    ho pensato che _____.

PISA

città piccola

turistica

gente vivace

la Torre pendente

BOLOGNA

città splendida

tranquilla

l'università più antica del mondo

la Torre degli Asinelli

VENEZIA

città romantica

turistica

vetro di Murano

la Basilica di San Marco

SIENA

città piccola

meno traffico

città antica

la Piazza del Campo

III. I giovani sono soddisfatti del loro lavoro? Ascolta la registrazione e completa la tabella.

这几个年轻人对自己的工作满意吗？听录音完成下面的表格。

	Che lavoro fa adesso?	Che lavoro vorrebbe fare?
Anna		
Vittorio		
Marisa		
Fabrizio		
Letizia		
Domenico		

IV. È ora di esprimere le proprie opinioni! Ascolta la registrazione e parla!

各抒己见！听录音讨论！

1. *I bambini di oggi…*

2. *Il potere magico…*

3. *il presidente della repubblica…*

4. *il bere troppo…*

5. *essere un animale…*

6. *chiedere scusa…*

V. Com'è il tuo uomo / la tua donna ideale? Scrivi la tua opinione.

你的理想男友／女友是什么样子？写写你的观点吧。

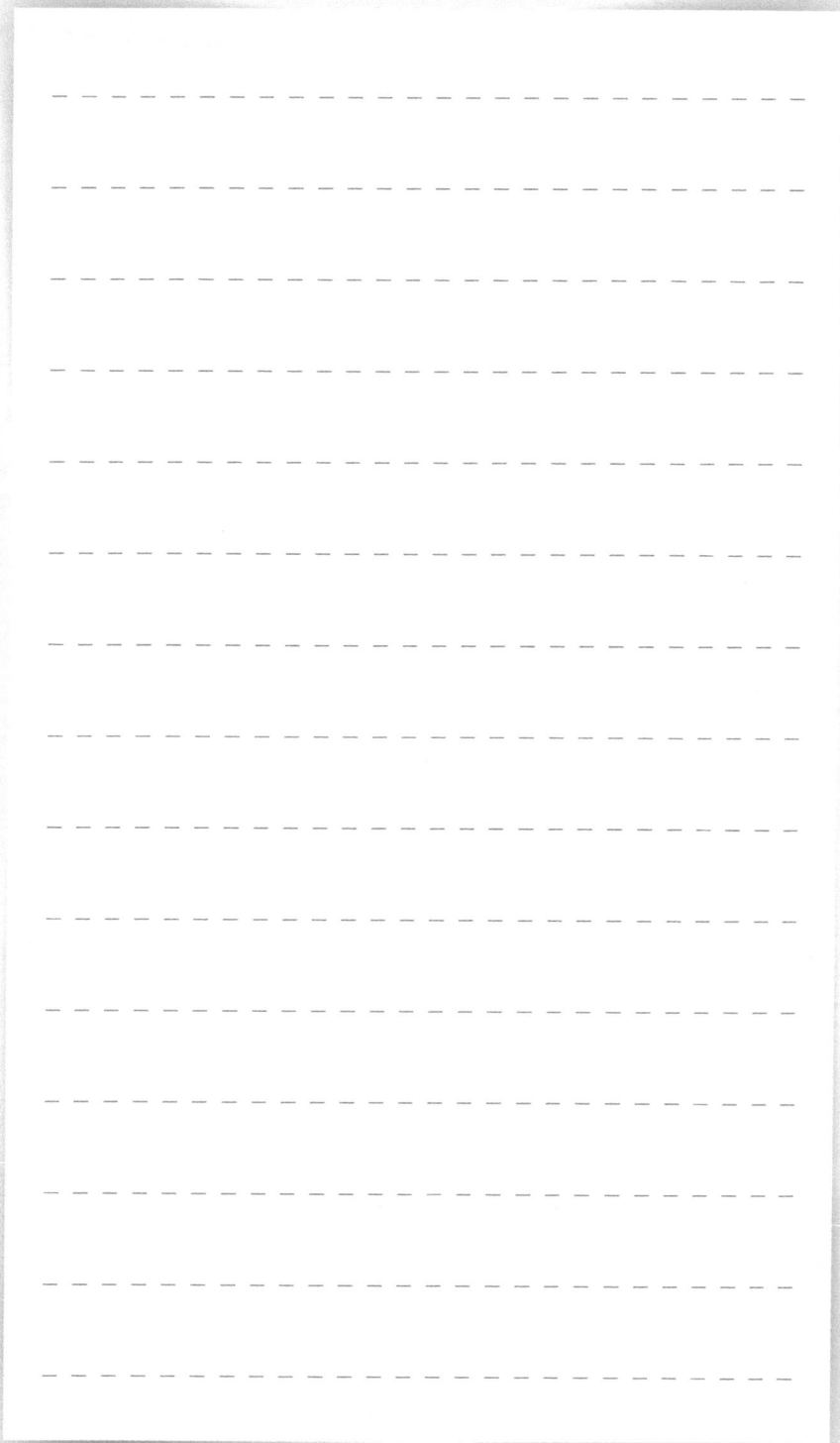